NOTES HISTORIQUES

SUR

L'ORIGINE, LES SEIGNEURS, LE FIEF ET LE BOURG

DE

DAMVILLE

(EURE)

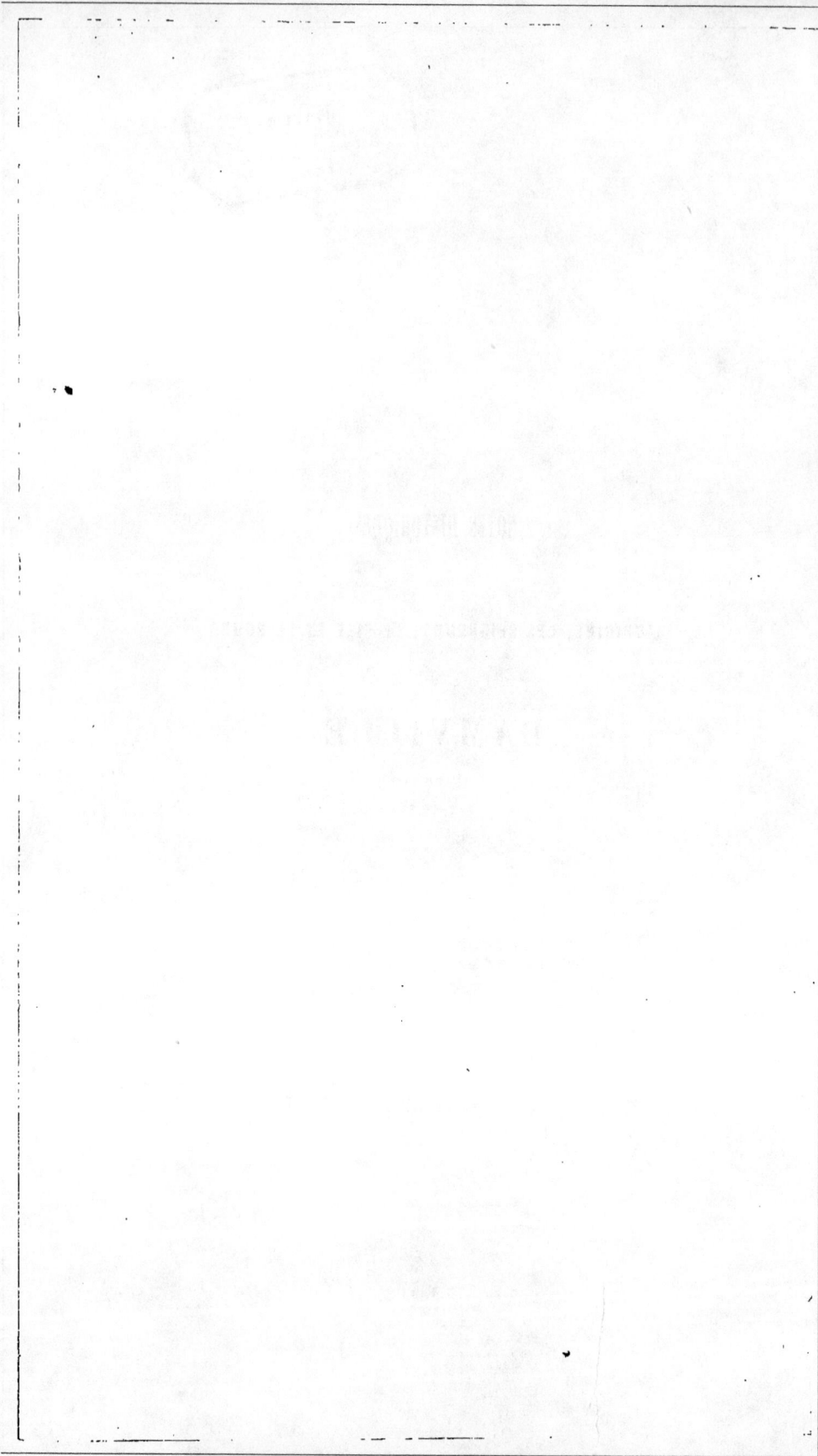

NOTES HISTORIQUES

SUR

L'ORIGINE, LES SEIGNEURS, LE FIEF ET LE BOURG

DE

DAMVILLE

(EURE)

PAR M. ANGE PETIT

Juge honoraire près le Tribunal civil d'Evreux, Membre du Conseil général, ancien
Président de la Société libre d'Agriculture du département de l'Eure

ÉVREUX

IMPRIMERIE DE AUGUSTE HÉRISSEY

—

1859

AUX HABITANTS DE DAMVILLE

—

Ce livre, que l'auteur aurait été si heureux de pouvoir offrir à des concitoyens qu'il aimait, n'a pu, hélas! être publié par lui.

La Mort, qui brise tout, l'a enlevé à notre affection au moment où il venait de le terminer.

Aussi, dans cette triste circonstance, voulant nous associer à sa pensée, nous avons recueilli avec respect le fruit de ses veilles et de ses patientes études, et nous avons confié ce précieux héritage à la Société d'Agriculture de l'Eure, qui a bien voulu donner, dans le *Recueil* de ses travaux, une place d'honneur aux recherches historiques faites par son ancien président sur un des cantons du département. Nous la prions de recevoir ici l'expression de notre entière gratitude.

Interprète des sentiments de mon père, je viens maintenant, en son nom, offrir à son pays natal cet ouvrage comme souvenir de son affection et de sa reconnaissance.

Vous pardonnerez, j'ose l'espérer, à la piété filiale de rappeler avec quelque orgueil les titres que ce père, objet des plus tendres regrets, s'était acquis à la bienveillance et à l'estime de ses concitoyens. Nous savons qu'un membre de la Société d'Agriculture, qui lui fut lié par trente années d'amitié, a bien voulu accepter la mission de signaler dans une notice, à la séance publique du mois d'août prochain, les services qu'il a rendus au pays; mais je ne veux m'adresser ici qu'aux habitants de Damville, et leur redire en peu de mots quel fut mon père, et combien il eut toujours à cœur d'honorer par ses actions le pays qui l'avait vu naître.

Souvent, dans des causeries intimes, et c'était un sujet dont il aimait à m'entretenir, faisant un retour sur lui-même, il rappelait avec un charme toujours nouveau pour lui et une grande vivacité de souvenirs, ses premières années écoulées au milieu de son cher Damville, les leçons qu'il y avait reçues d'un maître chéri (1). Il rappelait même les pièces de comédie qu'il y avait jouées avec l'élan et les illusions du jeune âge, et ce n'était pas sans émotion qu'il parlait de ses vieilles amitiés qui ne lui ont jamais fait défaut; et si parfois à ces récits de l'enfance se mêlait une triste pensée, c'est que le temps n'avait pu lui faire oublier qu'à l'âge de quatorze ans il avait été privé de l'appui et des conseils du meilleur des pères. Beaucoup d'entre vous voudront peut-être bien se souvenir que mon aïeul avait rempli avec honneur à Damville les fonctions de notaire et d'adjoint, et que sa mort avait été un deuil pour ses concitoyens.

(1) M. Bessin.

Mon père se plaisait souvent à dire qu'il lui était redevable de l'affection que ses compatriotes avaient bien voulu, pendant toute sa vie, reporter sur lui.

Après des études couronnées de succès au pensionnat de Verneuil et au collége d'Evreux, il alla suivre les cours de droit à Paris, où il obtint le diplôme de licencié. Revenu vers 1831, il dut quitter Damville pour exercer la profession d'avocat à Evreux, et ce ne fut pas sans tristesse qu'il s'éloigna des lieux où il laissait derrière lui ses amis d'enfance, ses habitudes de plaisir et de travail, ses plus doux souvenirs.

Je lui ai souvent entendu dire que, pendant le peu d'années qu'il resta dans le barreau, ses compatriotes ne l'oubliaient pas quand ils avaient leurs intérêts à défendre près le tribunal de cette ville, et que leurs causes étaient celles dont il se chargeait avec le plus de plaisir, et qu'il défendait le plus chaleureusement.

Aimant par goût tout ce qui était utile, il suivit avec un vif intérêt les travaux de la Société d'Agriculture, au sein de laquelle il avait rencontré bienveillance et appui pour quelques légères poésies : aussi souriait-il volontiers, mais sans y attacher de l'importance, au souvenir de ses premiers essais de littérature, parce qu'ils lui avaient fait ouvrir les portes d'une société qui, plus tard, et en plus d'une circonstance, lui témoigna une sympathique confiance.

Bientôt sa santé, dès alors si frêle et si délicate, l'empêcha de continuer la carrière qu'il avait embrassée, et, en 1839, après être resté quelque temps dans le parquet en qualité de substitut, soit aux Andelys, soit à Evreux, il fut appelé à occuper un siége de juge dans cette dernière ville ; il fut même, en 1848, promu aux fonctions de juge d'instruction, fonctions que son dévouement seul lui fit accepter, mais que la faiblesse de sa santé ne lui permit pas de conserver au delà d'une année. Que l'on me permette de citer ici l'appréciation que l'honorable président du tribunal civil d'Evreux a bien voulu faire des services de mon père dans la magistrature, à l'audience solennelle de rentrée des tribunaux, au mois de novembre 1858 : «....... Une autre sé- « paration nous a également affligés. Je veux parler de la « retraite prématurée de M. Ange Petit, qui, jeune encore, « s'est vu forcé par les exigences d'une santé chère à sa fa- « mille et à ses nombreux amis de renoncer à des fonctions « qu'il remplissait naguère avec une conscience si droite « et si éclairée. Consolons-nous toutefois en songeant que le « lien qui l'unissait à la compagnie n'est pas tout à fait « rompu, et que le juge honoraire environné de toutes nos « sympathies reste encore notre collègue respecté et aimé. »

La résidence de mon père, fixée à Evreux par ses fonctions, lui avait permis de renouer intimement avec la Société libre d'Agriculture des relations auxquelles il attacha toute sa vie le plus vif intérêt, parce qu'il y voyait un moyen d'être utile. Appréciant un zèle qui, pour faire le bien, ne reculait devant aucun travail ni aucune fatigue, la Société d'Agriculture lui confia, en 1838, les fonctions de secrétaire perpétuel, et l'appela, en 1844 et en 1850, à l'honneur de diriger ses travaux en qualité de président. Il regarda ces diverses charges comme lui imposant des devoirs qu'il s'efforça de remplir dans toute leur étendue, et on le vit sans cesse stimuler la bonne volonté de tous ceux qui, comme lui, s'intéressaient au développement des connaissances humaines et à l'amélioration du sort des populations. Il donnait à tous l'exemple du courage et d'un labeur infatigable.

Son esprit éminemment conciliant et doux aplanissait les difficultés et groupait autour de lui tous les amis de la science et de l'humanité. Aussi la Société d'Agriculture n'est pas restée muette sur sa tombe : un de ses plus honorables membres (1) a rappelé avec l'éloquence du cœur les services qu'avait rendus son président, les sympathies dont il fut constamment entouré au sein de la compagnie, et les regrets sincères et profonds qu'avaient éprouvés ses collègues en apprenant la triste nouvelle.

Ne croyez pas cependant qu'au milieu de toutes ces occupations, il oubliât ses compatriotes de Damville, qu'il ne pouvait plus aller revoir aussi souvent qu'il l'aurait voulu : on le voyait toujours sur la brèche, dès qu'il se présentait dans les différents travaux de la Société académique quelque chose qui intéressait le canton de Damville sous le rapport de l'agriculture, de la statistique ou de l'histoire.

Chacun de vous peut se rappeler si on ne trouvait pas toujours auprès de lui accueil empressé et appui cordial, quand on avait à défendre au chef-lieu quelque intérêt légitime. Il ne songeait qu'au plaisir d'être utile à ceux qu'il aimait et dont il savait bien qu'il était aimé ; mais ce plaisir, ils ont voulu le changer en devoir, lorsque, en 1849, leurs suffrages l'ont appelé à représenter le canton de Damville au sein du conseil général du département, et je n'hésite pas à dire que ce témoignage de l'estime et de l'attachement de ses compatriotes fut regardé par mon père comme la plus douce récompense des efforts et des travaux de sa vie entière ; d'ailleurs, par ce titre, il se trouvait en position meilleure pour favoriser et soutenir les intérêts du canton, et pour y

(1) M. l'abbé Lebeurier.

introduire tout ce qui pouvait améliorer le sort de ses habitants : il s'y consacra avec le zèle le plus ardent.

Comprenant toute l'importance qui s'attache au progrès de l'agriculture, il s'adressa au dévouement et à l'intelligence de ses compatriotes ; un Comice agricole fut formé, on le nomma président de ce Comice, et, prenant au sérieux cette fonction comme il avait pris toutes celles dont il fut chargé, il recueillait avec soin et apportait au sein du Comice tous les renseignements qui pouvaient contribuer à la prospérité agricole. Il appelait de ses vœux la création d'une bibliothèque cantonale ; aussi rassemblait-il avec soin, dans ce but, tous les livres utiles qu'il pouvait se procurer. Il eût voulu, s'il en eût eu la puissance, faire de Damville un canton modèle.

Chaque année, dès qu'il le pouvait, il allait goûter le repos dans sa modeste maison de Villez ; on l'y avait élu conseiller municipal ; il voulut toujours l'être et refusa les suffrages qu'on lui offrait à Evreux pour qu'il fît partie du conseil municipal de cette ville, disant qu'à Villez il pouvait rendre plus de services que partout ailleurs ; il n'eut jamais qu'un seul mobile dans ses pensées et dans ses actions : celui d'être utile.

Au sein du conseil général, il prit part, autant que sa santé le lui permit, à toutes les discussions des affaires du département et au travail des commissions M. le préfet, avec la chaleur de cœur qui le distingue et donne tant de puissance à ses paroles, a bien voulu rappeler les titres de mon père à l'estime de l'administration départementale.

Hélas ! le moment où il fallut se séparer de tant d'amis qu'il affectionnait, de tant de travaux qu'il aimait, arriva trop tôt pour tous. L'état de sa santé, qui depuis longtemps nous causait de vives inquiétudes, s'aggrava sensiblement. Il avait essayé, plusieurs années de suite, d'aller demander pendant quelques mois des forces au climat bienfaisant de la Provence ; mais, s'il lui procura momentanément quelque soulagement, ce climat ne pouvait que retarder les progrès de la maladie qui minait une constitution si frêle et usée par le travail, et ce ne fut pas sans un vif regret que mon père dut se démettre de toutes ses fonctions.... Une seule lui resta, c'était celle qui lui était la plus chère, celle de membre du conseil général ; et à une époque où il ne pouvait plus devoir espérer la continuer, puisque son mandat était expiré, et que son état de souffrance et de faiblesse s'opposait à ce qu'il souhaitât d'être réélu, les habitants du canton de Damville, en lui donnant de nouveau leurs suffrages à la presque unanimité, le 21 juin 1858, lui prouvèrent qu'en tout temps et en toutes circonstances il pouvait compter sur eux..... Touchante marque d'affection et de sympathie dont il fut profondément ému !

Quelques jours avant sa mort, brisé par les souffrances, étendu sur son lit de douleur, il apprend que, dans une fête de famille où étaient réunis ses concitoyens, son nom a été prononcé (1), et de sa main mourante, il trace quelques lignes à un de ses plus chers amis pour lui exprimer sa joie et sa reconnaissance.

Ce vieil ami lui avait donné des marques nombreuses et délicates d'une affection d'enfance ; le cœur tendre de mon père ne les oublia pas ; aussi, la veille de sa mort, exprima-t-il le désir qu'on lui remît un souvenir avec une lettre

(1) Toast prononcé par M. Abrouty, le 24 novembre 1858.

pleine de sensibilité, écrite en 1854 dans la prévision de sa fin prochaine.

J'oserai dire qu'entre lui et les habitants de Damville, suivant une expression familière, mais énergique et bien vraie dans cette circonstance, c'était à la vie et à la mort. Quand mon père sentit, il y a quatre ans, que ses forces vitales s'éteignaient entièrement, et que, privé par la faiblesse de sa poitrine de tout mouvement extérieur, et même des moyens d'échanger ses idées par la conversation, il ne pouvait plus faire que des vœux stériles pour son pays, c'est alors qu'il résolut d'en écrire l'histoire. Animé tout à la fois et par l'amour du sol natal, et par le désir de coopérer, par tous les moyens, à la restauration de l'église où il avait reçu le baptême, où il avait fait sa première communion, il travailla avec ardeur à réunir les matériaux d'une histoire de Damville. C'était une tâche plus difficile pour lui que pour tout autre, puisqu'il ne pouvait pas aller les puiser dans les bibliothèques; mais il avait à côté de lui un savant ami (1) dont la profonde érudition lui évita plus d'une recherche, et lui fournit bien des renseignements utiles. S'il nous arrivait quelquefois d'être inquiets des exigences d'un travail qui devait fatiguer une organisation si souffrante, c'était la seule des privations à laquelle ne pût se résigner le pauvre malade, à qui de si nombreuses avaient été déjà imposées. Il consacrait chaque jour de longues heures à recueillir, coordonner ses notes; il voulait utiliser jusqu'au dernier moment les quelques forces qui lui restaient encore.

C'est ce dernier tribut de ses efforts que je viens offrir aux habitants de Damville, dans l'espérance qu'ils accueilleront

(1) M. Bonnin.

avec intérêt, peut-être avec quelque émotion, cet adieu d'un
ami, et ce dernier souvenir patriotique.

Pourra-t-on me blâmer si j'épanche un instant avec eux
mon cœur de fils, en me retraçant la mémoire des qualités
et des vertus du père bien-aimé dont je pleure la perte. Je
ne crains pas de demander à tous ceux qui l'ont connu si
l'on n'était pas toujours certain de rencontrer en lui bonté
expansive, égalité d'âme, une bienveillance qui ne se dé-
mentit jamais, et l'oubli de soi-même pour ne penser qu'aux
autres. Dans sa vie intérieure, que de bontés, que de soins
prévoyants pour tout ce qui l'entourait ! Et pendant sa longue
maladie, quelle admirable patience au milieu des souffrances
d'un mal incurable ! avec quelle résignation il avait fait le
sacrifice de ses goûts et de sa santé ! cependant il ne se faisait pas illusion sur la fatale issue de sa maladie : il observait
avec calme et tranquillité sa marche lente et progressive ; il
cachait ses douleurs dans la crainte d'alarmer sa famille.
Jamais une plainte, un regret ne s'échappaient de sa bouche ;
et lorsque la mort est venue le frapper, elle n'a surpris ni
l'homme ni le chrétien, qui s'y était préparé de longue
main, et reçut avec une foi profonde les derniers secours de
la religion.

Mais, voulant qu'après lui quelque chose perpétuât la mémoire de son affection pour des compatriotes qui occupaient
une aussi large part dans son cœur, il leur légua un souvenir, expression de sa sincère reconnaissance et de sa solli-
citude pour les classes laborieuses.

TESTAMENT.

« Je donne et lègue aux communes du canton de Damville
les deux mille francs qui me sont dus par la commune de Dam-

ville, et qu'elle ne remboursera qu'à sa volonté. En cas de remboursement, cette somme sera placée en rentes sur l'Etat. Les intérêts en seront employés, tous les trois ans, à récompenser la personne de la classe laborieuse, qui, dans le canton, se sera le plus distinguée par quelque acte de dévouement, de courage, de probité, ou par la moralité de sa conduite, l'amour du travail et l'accomplissement de ses devoirs. La somme à distribuer pourra être partagée ; mais il n'en sera jamais attribué plus de moitié à la personne qui aurait déjà été récompensée.

« A défaut de mérites dignes de récompense, les sommes restées sans emploi seront placées en rentes sur l'Etat, et réunies au capital, dont elles ne pourront plus être détachées.

« L'attribution des récompenses sera faite par une commission composée du membre du conseil général représentant le canton, du membre du conseil d'arrondissement, du juge de paix, du maire et du curé de Damville, et des maires et desservants des autres communes et paroisses du canton.

« Les frais d'enregistrement et autres auxquels pourra donner lieu le présent seront supportés par ma succession.

« Telle est ma dernière volonté, dont je confie l'exécution à l'affection de ma femme et de mon fils, et au bon souvenir de mes concitoyens.

« Evreux, premier octobre mil huit cent cinquante-six.

« Signé : ANGE PETIT. »

Comme homme, il avait payé sa dette à son pays ; comme chrétien, il voulut laisser son nom attaché à une œuvre pieuse. Déjà glacé par la mort, il trouva assez de force pour exprimer le désir qu'une messe annuelle, à perpétuité, fût fondée dans l'église de Damville pour le repos de l'âme de son père, de sa mère, et pour le repos de la sienne : ce fut sa dernière pensée.

Au milieu de la profonde douleur que nous avons éprouvée quand l'heure de l'éternelle séparation a sonné, quelque chose a pu offrir une consolation puissante à nos cœurs, c'est l'affluence de ses compatriotes, venus de loin pour nous exprimer leur douloureuse sympathie, et accompagner leur représentant, leur fidèle ami à sa dernière demeure. Si nous étions profondément touchés du concours sympathique auprès de sa tombe de tout ce que renfermait de plus honorable la ville d'Evreux, où mon père comptait tant d'amis, notre cœur était peut-être encore plus ému du témoignage d'attachement des habitants de Damville et des campagnes environnantes. Qu'ils veuillent bien recevoir tous ici l'expression de nos sentiments reconnaissants.

Son fils espère que des compatriotes, qui ont entouré d'une affection si vive un nom qu'il est fier de porter, lui garderont toujours un bienveillant souvenir.

Puisse le dernier vœu de mon père se réaliser, et ce petit ouvrage, que je vous offre en son nom, être profitable aux intérêts de sa chère église de Damville!

Evreux, le 12 avril 1859.

Léon PETIT.

L'ÉGLISE

—

A MES COMPATRIOTES

—

> O souvenirs pleins d'émotions !
> (SYLVIO PELLICO.)

Parmi les souvenirs des premières années,
Fragiles fleurs, hélas! si promptement fanées!
Dans ce passé, semé de tant d'illusions,
De tant d'espoirs brillants, de fraîches visions,
Dont le temps a d'un souffle effacé le mirage...
Est-il rien de si doux, de si grand que l'image
De l'Eglise natale, où la céleste Croix
Apparut à nos yeux pour la première fois?
L'Eglise!... où pour chacun, riche ou pauvre, le rêve,
Qu'on appelle la vie, et commence et s'achève :

L'enfant qu'on y porta riant, dans son berceau,
Y repasse vieillard, pour descendre au tombeau.
Asile trois fois saint ! où la grandeur divine
Jusqu'à l'humanité des hauts sommets s'incline,
Où le Chrétien, qui rêve un jour plus radieux,
Du front presse la terre, et du cœur touche aux cieux !

Sous les pas de la foule, au dehors tout s'efface :
Dans la maison de Dieu, chaque jour a sa trace ;
Le passé tout entier s'y réveille pour vous.
Là, près de ce pilier, votre mère à genoux,
Pour son fils, adressait son ardente prière
Au ciel... qu'elle devait atteindre la première !
Ici le prêtre saint à vos lèvres offrit
Le pain miraculeux dont l'âme se nourrit...
La Foi vous transportait sur ses ailes de flamme :
Tout en vous était joie, espoir ; et dans votre âme
L'amour divin versait ses purs ravissements...
Dans la vie où trouver de semblables moments ?

Plus tard, quand du malheur sur vous s'étendit l'ombre,
Si vous êtes venu seul, sous la voûte sombre,
En silence, épuiser le calice de fiel,
Bientôt à vos regards la Foi montra le ciel ;

La Charité, vers vous se penchant, tendre mère,
Sur vos maux répandit un baume salutaire ;
Un rayon d'espérance éclaira votre cœur...
Et vous êtes sorti plus tranquille et meilleur.

Au nom des souvenirs, et des saintes pensées,
Comme un trésor céleste, en votre âme amassées,
Par l'amour qui s'attache aux lieux où l'on est né...
Au pauvre monument que le temps a miné,
Où l'on priera pour vous, apportez votre offrande ;
Donnez... afin qu'un jour, au ciel, Dieu vous le rende.

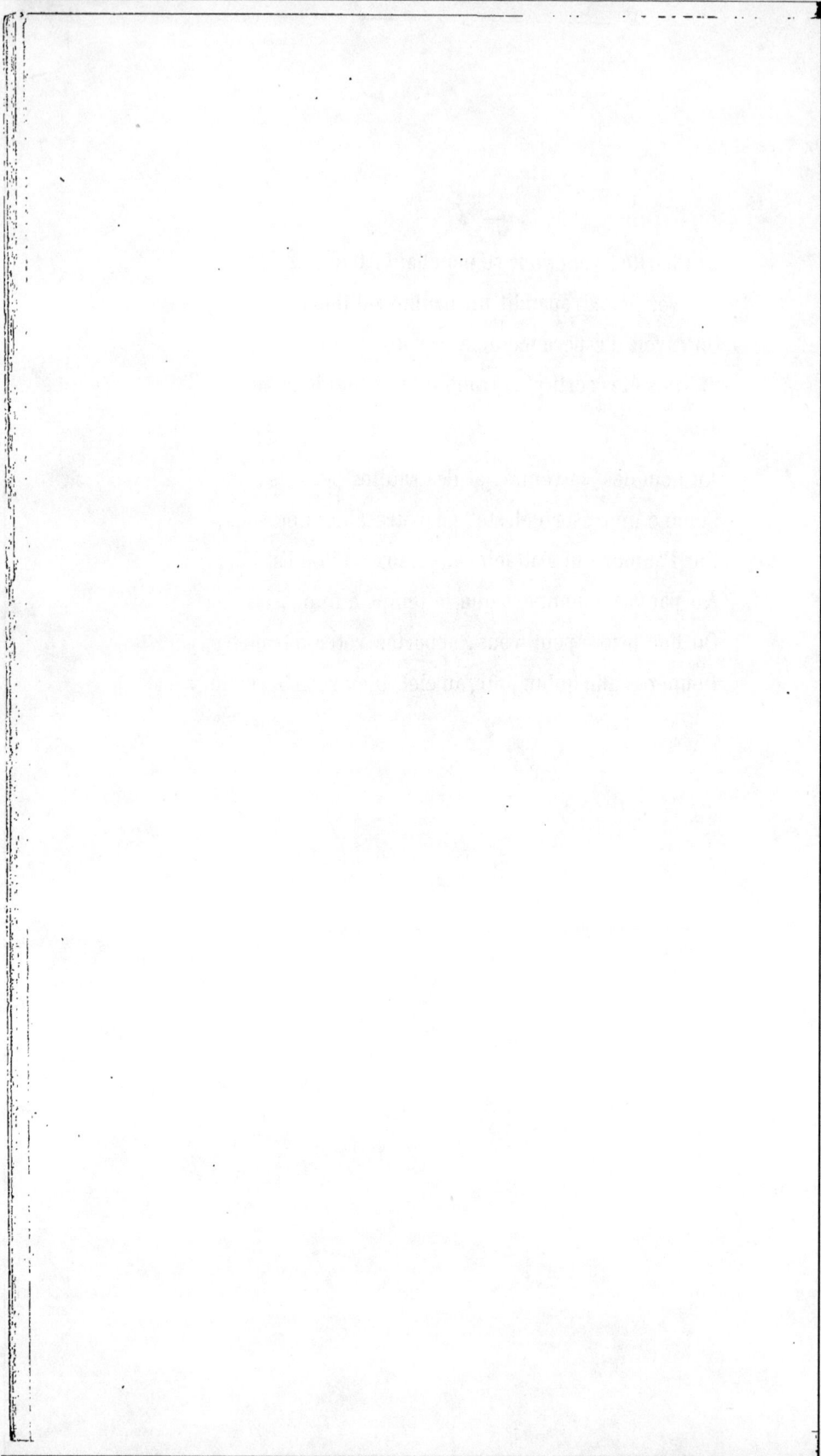

AVANT-PROPOS

—

Il a été et il est encore d'usage d'expliquer au lecteur les circonstances auxquelles le livre qu'on publie a dû sa naissance. C'est quelquefois l'entraînement, le besoin de divulguer une idée utile ; quelquefois c'est l'occasion, cette conseillère des bonnes et des mauvaises actions, des bons et des mauvais livres, qui a fourni des documents qu'on veut faire connaître ; souvent c'est le désir de s'instruire soi-même qui a fait amasser des matériaux ; puis, quand l'édifice, une fois terminé, n'a pas été trouvé absolument dépourvu de mérite, on le livre modestement à la publicité.

Ici, l'entraînement et l'imagination n'ont été pour rien. L'âge et la maladie ont trop refroidi la main qui tenait la plume. Les documents n'ont pas été trouvés par hasard, mais laborieusement et lentement réunis.

L'auteur a fait, il ose l'avouer, une véritable spéculation.

L'église de Damville avait été restaurée ; l'idée qui avait présidé à ce travail était excellente, mais on ne s'était pas assez préoccupé des moyens de solder les entrepreneurs.

Après avoir puisé dans les caisses publiques, après avoir fait appel aux enfants du pays et avoir recueilli partout de généreux secours, la fabrique devait encore une somme considérable. On ne pouvait plus rien demander directement. L'auteur eut alors l'idée d'arriver, par un détour, à la bourse de ceux qui portaient intérêt à cette bonne œuvre, en leur offrant, à la place d'un billet de loterie, une notice sur l'histoire de Damville.

Il n'a pas à vanter son opuscule pour le faire acheter : il lui aura suffi de dire pourquoi il a été écrit. L'indulgence est acquise d'avance à toute œuvre charitable.

Il lui est doux de remercier ici tous ceux qui l'ont aidé à recueillir les matériaux de son œuvre, et d'offrir à son pays natal cette modeste étude comme

l'expression de son éternelle reconnaissance, pour
des compatriotes qui l'ont tant de fois honoré de
marques de sympathie et d'estime.

NOTES HISTORIQUES

SUR

L'ORIGINE, LES SEIGNEURS, LE FIEF ET LE BOURG DE DAMVILLE

(EURE)

—

Et pius est patriæ facta referre labor.
(OVIDE, Tristes, liv. II, v. 322.)

1

ORIGINE

Dans les siècles illettrés, quand un centre de population s'était formé, de longues années s'écoulaient presque toujours avant qu'un monument quelconque, pierre ou parchemin, vînt en révéler l'existence et en conserver le souvenir; aussi l'origine même des plus grandes cités reste-t-elle généralement cachée dans une impénétrable obscurité.

Il en a été ainsi de Damville. Le plus ancien titre dans lequel son nom (1) ait été mentionné, à notre

---

(1) Sur l'étymologie de ce mot, nous sommes réduit à des conjectures. La désinence *ville* vient, comme chacun sait, du latin *villa*, maison de campagne, métairie.

Pour la syllabe *Dam*, trois étymologies se présentent : une première, que nous repoussons commme invraisemblable, c'est *Damni* (*villa*), dont on a fait d'abord en français *Dam*, *Dan* (dommage, malheur) ; on ne donne pas à un pays un pareil nom ; — la seconde est *Domini* (*villa*), ville du Seigneur, séjour consacré à Dieu : c'est celle-là que nous préférons. Ici la physionomie des mots annonce moins la communauté d'origine ; mais, si nous ou-

connaissance, est une charte de 1070, par laquelle
Guillaume le Conquérant confirme diverses donations
faites par la famille Crespin à l'abbaye du Bec.
(*V.* App. I.)

Parmi ces concessions, il s'en trouve une émanée
de Gilbert Crespin, et comprenant le don de l'église
de Damville, de la dime de tous les revenus du bourg,
celle de ses moulins, ses fours ; plus, une demi-
charruée de terre située dans le voisinage.

A l'époque où, grâce à ce titre, nous voyons Damville ainsi surgir tout à coup à travers les nuages
du passé, c'était déjà une localité considérable,
puisqu'elle possédait une église, des moulins, des
fours, etc. Tout porte à croire qu'il y existait aussi
un château fort : car, dans un temps où trop souvent
la force tenait lieu de droit, où l'on vivait sans cesse
exposé aux horreurs de la guerre et aux excès du
brigandage, les populations devaient naturellement
s'établir et se fixer à l'ombre des forteresses féo-
dales.

Quoi qu'il en soit de l'ancienneté du bourg, le domaine seigneurial en appartenait, comme on le voit,
à Gilbert, membre de la famille Crespin, qui possédait en même temps la seigneurie de Tillières,

---

vrons le *Traité de Philologie française*, par Noël et Carpentier, aux
mots *Vidame* et *Dan*, nous y lirons : « On disait autrefois *Dam*
pour *Dame;* d'où *Vidame* (*vice dominus*), comme *Dampierre, Damville*. » Le mot *Dame*, au moyen âge, n'appartenait pas d'ailleurs
exclusivement au genre féminin ; on lit dans de vieux sermons :
Dame, Dan, pour Seigneur, Dieu. On disait aussi *Damp-Abbé;* dans
quelques titres nous lisons *Dampville.*

La troisième hypothèse a été formulée par Moréri et d'Expilly :
Damville viendrait de *Adami villa* (ville d'Adam) ; mais, comme
les deux autres, elle ne s'appuie sur aucun fait connu.

sous la suzeraineté des ducs de Normandie. Le titre
que nous analysons n'est qu'un acte confirmatif;
mais la donation originaire ne pouvait pas être de
beaucoup antérieure, la fondation de l'abbaye du
Bec ne remontant qu'à l'année 1040. Cette aumône,
comme on disait alors, avait un caractère de piété
spontanée dont n'étaient pas également animées
peut-être les libéralités de ce genre qui avaient si-
gnalé la fin du siècle précédent. On venait en effet de
passer l'*an mil*, cet écueil si redouté contre lequel
devait sombrer le monde; et, comme dans un im-
mense naufrage, chacun, pour se sauver sacrifiant
ses biens, en avait consacré la majeure partie à en-
richir les établissements religieux, ou bien à en fon-
der une multitude de nouveaux.

A la suite de la charte de 1070, on voit figurer au
nombre des signataires Richard, fils du comte Gilbert, qui, selon toute apparence, succéda à son père
dans la seigneurie de Damville. En effet, dans une
autre charte sans date, que rapporte textuellement
l'histoire manuscrite de la maison de Chambray (2),
on voit Simon de Grantviller (Granvilliers), mort
en 1170, aumôner à l'abbaye de Lyre l'église de
Roman, en présence de son suzerain, Richard de
Damville. (*V*. App. II.)

[1173] Après les titres pieux viennent les pages
sanglantes. Henri II, roi d'Angleterre, en guerre
avec son fils, et Louis, roi de France, ligués contre
lui à l'occasion du meurtre de Thomas Béquet, avait
vu avec colère Gilbert de Tillières et de Damville (3)

(2) *Hist. de la maison de Chambray*, Preuves, p. 714, 946.

(3) C'est le seigneur de Damville du nom de Gilbert que nous
rencontrons parmi les témoins cités précédemment.

grossir le parti de ses adversaires. Aussi, pour se venger, vint-il en personne attaquer le château de Damville ; il le prit d'assaut, et fit un grand nombre de prisonniers (4).

[1188] Gilbert avait cessé de posséder Damville. Il l'avait sans doute cédé à Simon d'Anet avant de partir pour la Terre Sainte, où il mourut en 1190, au siége d'Acre (5) ; mais, pour avoir changé de maître, Damville ne changea pas de sort : il devait encore subir cruellement le contre-coup de la querelle des rois de France et d'Angleterre. Le 1er septembre 1188, jour de Saint-Gilles, Henri, étant à Anet, fit brûler, ou, suivant une chronique anglo-normande, laissa brûler le château de Damville, appartenant à Simon d'Anet. A l'incendie se joignit le pillage, et les soldats gallois du roi d'Angleterre massacrèrent tous ceux qu'ils purent atteindre (6).

Ce double désastre, qui deux fois soumit violemment le château de Damville au roi d'Angleterre, ne dut pas, selon toute apparence, épargner davantage le bourg et les habitants. Si les chroniqueurs ne l'ont pas dit, c'est que dans le récit des guerres ils avaient

---

(4) « Et in crastino recedens inde (Vernolio Henricus rex), castellum de Damvilla, Gileberti de Tileris, et multos milites et servientes in eo cepit. »
(Bened. Petrob., ad ann. 1173 ; *Hist. de Fr.*, XIII, p. 155.)

(5) « Isti obierunt eodem anno [1190] in obsidione Acræ : Vicecomes de Turonia, Gilibertus de Tillers... »
(Bened. Petrob., ad ann. 1190 ; *Hist. de Fr.*, XVII, p. 512.)

(6) « Die autem jovis, in die sancti Ægidii, Wallenses regis Angliæ, ipso nesciente, ingressi sunt in terram regis Franciæ, et combusserunt castellum Simonis de Anette, scilicet Danevillam et multas alias villas, et prædas abduxerunt, et, nemini parcentes, omnes interfecerunt quos invenerunt. »
(Bened. Petrob., ad ann. 1188 ; *Hist. de Fr.*, XVII, p. 483.)

l'habitude de parler seulement des rois, des chefs militaires et des lieux fortifiés, c'est-à-dire des hommes et des choses ayant la principale influence sur les événements. Quant au pillage, aux incendies, au massacre de populations inoffensives, c'étaient choses si communes alors, qu'on en faisait bien rarement mention dans les histoires et les chroniques.

[1193] La mort de Henri II ayant mis fin aux guerres qui depuis si longtemps désolaient le pays, des conventions furent arrêtées entre Philippe Auguste et Richard Cœur de Lion, alors prisonnier en Allemagne, que représentait son frère Jean Sans Terre. D'après ce traité, le roi de France était reconnu maître de la cité d'Evreux avec ses dépendances, et des autres châteaux, fortifications et domaines situés le long de l'Iton. Damville se trouvait évidemment compris dans cette désignation (7).

[1198] Par suite d'événements que nous ignorons, ce bourg était retombé sous la domination anglo-normande, et Richard Cœur de Lion y faisait réparer des ruines que peut-être lui-même avait faites. Dans les grands rôles de l'échiquier de Normandie, on voit figurer 50 liv. employées à la réparation d'une tour et à la construction d'un moulin à Damville; 143 liv. à des travaux en pierre faits à la barbacane du châ-

---

(7) « Johannes, comes Moritonii, etc.... .

« Præterea, rex Franciæ debet habere vallem Rotholii... et castellum Vernolii, cum pertinentiis suis; et civitatem Ebroicensem, cum pertinentiis suis, et aliis castellis et munitionibus et terris circa Itum...

« Actum Parisiis, anno incarnati Verbi Mo Co XCo tertio, mense junio. »

(Brussel, *Usage des Fiefs*, II, xj.)

teau ; plus, 40 liv. à solder trente hommes de la garnison (8).

[1200] Après le lion, le renard : Jean Sans Terre était monté sur le trône. Il paraît qu'il tenait tout particulièrement à la possession de Damville ; car, dans un traité avec Philippe Auguste, signé au Goulet, près de Gaillon, après avoir abandonné à ce prince Evreux et l'Evrecin, ainsi que tous les domaines situés le long de l'Iton, il ajoute : « Nous avons cédé au roi de France Vittebos (Quittebeuf), quelle que soit sa situation. Tillières avec ses dépendances et Damville nous restent (9). »

Ce choix, fait tout exceptionnellement, de deux châteaux forts parmi tant d'autres, permet de penser que la conquête en avait été difficile, et prouve en tout cas que le roi d'Angleterre y attachait une grande importance, à cause de leur position sans doute. Placés sur les confins de la France et de la Normandie, ils étaient également précieux pour l'at-

(8) « In liberatione xxx servientium morantium apud Danvillam, xl. lib. per idem breve (regis) ;

Ad recooperiendum turrem de Danvilla, et molino ibidem faciendum, l. lib.

« In operationibus barbekenne faciendis de petra, c. lib. xliij. lib. per idem breve. »

(Mag. rot. scac. norm. ad ann. 1198. Edit. Stappleton, II, 314-315. — *Mém. de la Soc. des Ant. de Norm.*, XVI, 11.)

(9) « Johannes, Dei gratia rex Angliæ....

« Witebos, ubicumque sit, donavimus domino regi Franciæ. Tilleria cum pertinentiis suis et Danvilla remanent nobis, ita tamen quod dominus de Brueroliis habebit id quod debet habere in dominatu de Tilleriis, et dominus de Tilleriis habebit id quod debet habere in dominatu de Brueroliis...

« Actum apud Goleton, anno ab incarnatione Domini millesimo ducentesimo, mense maio. »

(Rigordus, de Gestis Phil. Aug.; *Hist. de Fr.*, XVII, 51, 52, 53. Cart. norm. n° 280.)

taque et pour la défense. Jusqu'ici les agressions auxquelles nous avons vu Damville en butte nous le montrent, malgré sa qualité de bourg normand, tenant pour le roi de France; le xIIᵉ siècle, en finissant, le laisse sous la domination anglo-normande.

Il n'y resta pas longtemps; car, lorsque Philippe Auguste [1204] réunit par confiscation le duché de Normandie à la couronne de France, il prit possession des villes, châteaux et terres formant le domaine du roi Jean. Il paraîtrait même que, pour Damville, il faudrait faire remonter avant la confiscation cette possession du roi de France, qui dès 1202 y faisait opérer des transports. Le document qui nous révèle cette circonstance nous a fait faire de nombreuses recherches et bien des conjectures : c'est un compte des revenus de Philippe Auguste, où, sous la rubrique d'Anet, nous lisons : *Pro navibus ducendis apud Damvillam et reducendis, xxxv l. ij s. :* « Pour *vaisseaux* à conduire à Damville et à ramener, 35 liv. 2 s. (10). » D'après le sens apparent des mots, on devrait croire qu'il s'agissait de barques allant d'un lieu à l'autre, en suivant le cours de l'Eure et de l'Iton... Mais pour cela il faut supposer que cette dernière rivière ne se perdait pas encore dans les gouffres de Villalet, ou bien le mot *navibus* signifie ici *vaisseaux* en poterie ou en bois servant à renfermer des liquides, question que nous avons vainement soumise aux plus savants (11).

(10) Brussel, *Usage des Fiefs*, p. cxlvij.

(11) Monstrelet, dans le chapitre xxᵉ de son IIᵉ livre, rapporte, à la date de 1424, que « le duc de Bedfort se mit en chemin pour poursuivre les ennemis, et alla loger en une grosse ville en tirant vers le Perche, nommée Damville. »

———

LES SEIGNEURS

A peine en possession de la Normandie, Philippe Auguste donne le domaine de Damville, compris dans ceux de Conches et de Nonancourt, à Robert de Courtenay, son cousin, petit-fils comme lui de Louis le Gros (1). C'est seulement à partir de cette concession royale que des documents échappés à la destruction sont venus éclairer l'état féodal du bourg de Damville, de manière à permettre de retrouver sûrement la trace des seigneurs qui l'ont successivement possédé.

Robert de Courtenay transmit la terre de Damville à son plus jeune fils, qui se nommait aussi Robert, et fut évêque d'Orléans. Revêtu de cette dignité, il accompagna saint Louis à la seconde croisade; et nous le voyons devant Tunis [1270], où le saint roi avait succombé, rendre hommage à son successeur, Philippe III, pour les domaines de Nonancourt et de Damville (2).

(1) Dubouchet, *Hist. de la maison de Courtenay*, Preuves, p. 25; — Cart. norm., nº 96, analysé; — Trés. des Chartes, reg. 7, fº 68, et reg. 8, fº 44.

(2) « Anno millesimo ducentesimo septuagesimo, die lunæ post octavas Assumptionis beatissimæ Virginis, mortuo claræ memoriæ Ludovico, rege Francorum illustrissimo, die mercurii sequenti facta

[1274] La terre de Damville sortit de la famille de Courtenay par la vente qu'en fit Robert, évêque d'Orléans, à Pierre de la Brosse, alors chambellan de Philippe le Hardi (3); elle était cédée avec toutes ses dépendances. (*V.* App. III.)

Parmi les principaux feudataires du seigneur de Damville, qui, lui, ne relevait que du roi, on comptait à cette époque Pierre Bataille, seigneur de Gouville; Guillaume des Essarts et Nicolas Polart, seigneur du Cormier.

Outre les titres constatant la cession faite par Robert de Courtenay, le Cartulaire normand, publié par M. Léopold Delisle, contient plusieurs autres actes intéressants relatifs à la possession du domaine de Damville, par Pierre de la Brosse :

1° [décembre 1275] Charte par laquelle le roi, pour récompenser Pierre de la Brosse de son dévouement et de l'exactitude de son zèle, lui donne, tant pour lui que pour ses descendants, le droit de haute et basse justice sur la terre de Damville et Charnelles; permet l'aliénation du bois voisin du bourg, vulgairement appelé *le Tailleiz,* affranchi désormais du droit de tiers et danger (4), et renonce en outre à

fuerunt homagia domino Philippo, regi Francorum, a baronibus et personis inferius notatis...

« Dominus episcopus Aurelianensis pro duobus homagiis, videlicet de Nonancourt et de Danvilla, salvo jure domini. »

(Dubouchet, *Hist. de la maison de Courtenay*, p. 42.)

(3) Cart. normand, nᵒˢ 846 et 860.

(4) Ce droit, dont le nom est assez singulier, consistait dans le tiers plus le dixième de la coupe de bois, c'est-à-dire 13 parties sur 30. Il avait pris son origine dans l'inféodation des forêts par les rois ; le tiers était une part réservée dans les produits, et le dixième était, dit-on, l'affranchissement du dommage (*dangerium*)

son droit de garde (5) sur les descendants de Pierre de la Brosse, jusqu'à la troisième génération ;

2° [17 juillet 1276] Acte constatant que Jehan Letailleur « a pris et receu de noble homme et sage Pierre de la Broce... la prevosté (6) de Damville et toutes les appartenances de cette prevosté, si comme elle a esté bailliée çà en arrière en tens trespassé, et avesques ce touz les cens et toutes les rentes que li diz Pierre a ou puet avoir en la ville et en la paroisse de Damville, soient en deniers ou soient en blé et amendes et forfaitures, toutes de soissante souz et de mains... (7), exceptez les aides, les relies (8), les aventures toutes qui audit Pierre puent ou doivent

qu'auraient causé au bois les bêtes que le roi aurait pu y faire conserver pour la chasse.

(5) La garde ou tutelle des mineurs nobles appartenait au suzerain, roi ou simple seigneur. Elle donnait à celui qui en était investi la jouissance de tout ce que possédait le mineur, à charge de subvenir à ses besoins et à l'entretien de ses biens.

Cette garde durait jusqu'à la vingtième année de ceux qui en étaient l'objet. Les filles qui se mariaient avant cet âge s'en trouvaient affranchies.

(6) Prévôté (*præpositura*), fonction de prévôt, sorte d'officier chargé d'instrumenter pour les seigneurs, et le plus souvent de percevoir leurs revenus.

On entendait aussi par *prévôté* le territoire sur lequel s'étendait la compétence du prévôt.

Ici ce qu'on louait sous le nom de *prévosté*, c'était le droit d'approfiter, moyennant un loyer annuel, la majeure partie des produits de la seigneurie de Damville. Il est regrettable que le titre, au lieu de donner les *appartenances* de la prévôté, se soit borné à renvoyer aux baux antérieurs.

(7) *Mains* pour *moins*.

(8) Le relief était un droit dû au seigneur à chaque mutation du fief par héritage, donation ou vente. Originairement, il consistait en un cheval de bataille, des armes, un verre à boire, etc., ou

venir... pour trois cens de tornois chacun an... et est assavoir que li diz Jehan est tenu à pier les fiez et les aumones qui sont en blé, et li diz Pierre les fiez et les aumones qui sont en deniers; et puet avoir li diz Jehan nasses à peschier aux enguilles es moulins de Damvile... (9); »

3o [juillet 1276] Accord entre Pierre de la Brosse et ses tenanciers de Charnelles, par lequel ces derniers constituent une rente annuelle de 102 liv. 10 sols tournois pour obtenir la bienveillance du seigneur, et en outre être affranchis de toutes obligations, corvées et redevances, telles que coutumes, prières (10), réparations aux mottes ou fossés du manoir féodal, exactions (11) et tous bians quelconques (12), à la condition que si à l'avenir ledit Pierre ou ses successeurs venaient à posséder un moulin distant de Charnelles au plus d'une lieue et demie, ils pourraient forcer les tenanciers à moudre banalement audit moulin, en payant demi-mouture seulement (13), sans pouvoir exiger d'eux ni paiement de

en une somme d'argent. Dans les derniers temps, cette somme avait été uniformément fixée à 333 écus ou 1,000 liv. pour un duché; 33 écus 1|3 pour une baronnie.

(9) Cartul. normand, no 868.

(10) Service au temps du labourage ou de la moisson, exigible au jour pour lequel le serf débiteur avait été *semons* ou averti.

(11) Droits perçus pour l'entretien des ouvrages d'utilité publique, en dehors de la coutume générale du fief ou du royaume.

(12) *Biennia*, corvées d'hommes ou de bêtes de somme. On fait dériver le mot *corvée* de *corpora vehendo*.

(13) Conformément à l'usage généralement suivi en Normandie, le droit du meunier était, aux moulins de Damville et des environs, la seizième partie du grain donné à moudre.

mouture sèche (14), ni transport de meules ou de bois, ni curage de biefs, ni aucune partie du prix des meules ou des constructions… sous réserve de toute poursuite et toute juridiction, tant pour le paiement de la rente convenue que pour tous autres cas, reliefs, aides, forfaiture, exploits et tous autres droits, sous réserve aussi des droits des seigneurs suzerains…

[1277] Le domaine de Damville, qui, des mains d'une famille de sang royal, était tombé dans celles de Pierre de la Brosse (15), n'y resta pas longtemps : quatre ans à peine. Les fortunes inespérées mènent souvent aux promptes chutes.

Après la condamnation et la mort de son ancien favori (16), Philippe III confisqua ses biens; et, jus-

(14) *Mouture sèche :* c'était le droit dû pour tout grain transporté hors du territoire soumis au moulin banal ; il tenait lieu de ce qui aurait été payé pour la moute réelle, qu'on appelait *moute mouillée* ou *verte.*

(15) Il paraît résulter de documents récemment découverts par M. A. Jubinal, que l'origine de P. de la Brosse aurait été moins humble qu'on ne l'avait supposée jusqu'alors : ses ancêtres auraient tiré leur nom d'un *hostel, lieu noble en Tourraine, appelé le Broce.* Ce qu'il y a de certain, c'est qu'il fut médecin, *physicien* ou chirurgien de saint Louis, en même temps que Jean Pitard, praticien célèbre. C'est cette fonction sans doute qui lui aura fait attribuer celle de barbier, par suite de l'habitude qu'on avait de les voir réunies chez les mêmes individus. Mais les rois avaient tout à la fois leur barbier et des hommes plus élevés en science pour soigner leur santé. On ne concevrait pas d'ailleurs comment un roi aussi sage que saint Louis n'aurait pas craint d'abaisser jusqu'à son barbier la fonction de chambellan, une des premières du royaume. P. de la Brosse en portait le titre en 1266. Dès 1248 le roi, dans une ordonnance, le nommait « son escuier ou officier domestique en sa maison. »

(*Hist. de saint Louis*, par Villeneuve Trans, t. III, p. 116, 409, 424, et Notes p. 505-509.)

(16) Il fut condamné à mort comme coupable d'avoir fausse-

qu'à la fin de son règne, la terre de Damville resta unie à sa couronne. Philippe IV dit le Bel en disposa [1285] en faveur de Mathieu IV de Montmorency, ainsi que de diverses autres choses, pour s'acquitter envers lui d'une somme qu'il lui avait promise (17), en reconnaissance de services rendus à son père et à lui-même. Une charte de février 1292 (18) contient le détail des choses cédées. (*V.* App. IV.)

D'après ce titre, le roi, dont la reconnaissance ne s'était pas éteinte avec la dette, avait, à titre de libéralité, ajouté à la cession le château ou manoir de Damville, le droit de haute et basse justice, le plaid de l'épée et tous autres droits qu'il pouvait avoir sur les choses cédées, à l'exception toutefois du château habité par le seigneur de Tillières, dont il se réservait l'hommage. Sans cette réserve, le domaine de Tillières se serait entièrement absorbé dans le fief de Damville, qui naguère avait été sous sa dépendance.

La concession avait été faite à titre de fief de haubert, à charge d'un hommage unique envers le

---

ment accusé la reine Marie de Brabant de l'empoisonnement d'un fils que Philippe III avait eu de sa première femme.

On a voulu remettre en question la chose jugée dans ce mémorable procès, mais la révision en est-elle possible aujourd'hui ? Ce dont les faits témoignent encore, c'est que P. de la Brosse s'était fait de nombreux et puissants ennemis qui ont pu nuire à sa défense. Il fut poursuivi avec un acharnement extrême par le frère de la reine Marie, Jean Ier de Brabant, qui assista à son exécution avec le duc de Bourgogne et Robert d'Artois.

(Villeneuve Trans, *ibid.*; — Cart. norm., note du nᵒ 927.)

(17) A. Duchesne, *Hist. de la maison de Montmorency*, p. 186, et Preuves, p. 127.

(18) *Hist. de la maison de Chambray*, p. 966.

roi de France, et aussi de fournir au besoin et d'entretenir chaque année, pendant 40 jours, un chevalier pour la garde du château de Breteuil. « Mais il faut dire, » ajouta la charte, « que le seigneur de Montmorency et ses successeurs, comme tenanciers de Tillières, seront tenus, à perpétuité, selon l'usage, de payer chaque année 62 s. et 6 d. t. au sénéchal dudit Tillières, pour sa robe. »

[1305-1381] De Mathieu IV, que sa valeur guerrière avait fait surnommer le Grand, la seigneurie de Damville passa à son fils Mathieu V, qui lui-même la transmit, un an après, à son frère Jean Ier, décédé en juin 1325.

Charles de Montmorency succéda à Jean Ier, son père (19). Nous ignorons s'il visita sa chatellenie de Damville; mais il vint à Evreux en 1370. Il y était envoyé, avec Bertrand du Guesclin, pour servir d'otage à Charles le Mauvais, qui avait exigé cette garantie pour se rendre auprès du roi de France à Vernon (20).

[1381] Jacques de Montmorency (21) n'était âgé que de onze ans, lorsqu'il recueillit la terre de Damville dans la succession de Charles, son père. La garde ou tutelle, qui, quelques années auparavant, aurait

---

(19) Il se distingua à la bataille de Crécy et fut un des cinq barons qui, seuls, accompagnèrent Philippe de Valois dans sa retraite (Froissart, t. Ier, ch cxxx). Charles V honora son dévouement à sa famille en l'appelant à tenir son fils (Charles VI) sur les fonts baptismaux.
(A. Duchesne, *Hist. de la maison de Montmorency*, p. 206.)

(20) A. Duchesne, *Hist. de la maison de Montmorency*, p. 207.

(21) Après justifications faites devant le parlement, il prit le titre de *premier baron de France*, titre qui depuis fut toujours reconnu à l'aîné de la famille.
(Désormeaux, *Hist. de la maison de Montmorency*, t. Ier, p. 350.)

appartenu au roi de France, revenait à Charles le
Mauvais, comme comte d'Evreux, par suite de la
cession que Charles V lui avait faite [1353] de la chatellenie de Breteuil (22), de laquelle dépendait celle
de Damville. Mais le roi de Navarre avait depuis
longtemps quitté la France, pour éviter le châtiment
dû à ses crimes; et Charles VI avait confié l'administration de ses domaines, en Normandie, à son
fils Charles, que, par un singulier contraste, sa
justice et sa sagesse firent appeler depuis *un nouveau Salomon* (23).

Ce prince, par lettres patentes du 2 septembre
1381, « considérant les bons services du feu sire de
Montmorency et l'affinité de lignage, par grâce
spéciale, déclare aagier ledit Jacques, le mettre
hors de garde et lui faire délivrance des forteresse
et terre de Damville et appartenances, pour quil
peust les gouverner et exploiter selon la coutume
du pays (24). »

La fiction qui avait *aagié* l'enfant était tombée sur
un cœur d'homme. Il avait douze ans à peine que
déjà, à la bataille de Rosebeque, il se servait vaillam-
ment de l'épée que Charles VI lui avait donnée en
l'armant chevalier (25).

[1404] La seigneurie de Damville fit retour de nouveau à la couronne par un traité entre Charles VI et
le roi de Navarre (Charles II dit le Noble), portant
échange du comté d'Evreux et autres terres de Nor-

---

(22) A. Duchesne, p. 207.
(23) Moréri, v° Charles de Navarre.
(24) A. Duchesne, p. 248.
(25) Désormeaux, t. Ier, p. 347. — A. Duchesne, p. 220.

mandie contre la seigneurie de Nemours, érigée en duché-pairie (26).

Par suite de cet échange, Jacques de Montmorency rendit aveu [1408] au roi pour son fief de Damville (27).

Au temps désastreux où, par suite de la démence de Charles V et de la trahison de ceux qui l'entouraient, on vit deux rois dans le royaume de France, Jean II de Montmorency, qui avait succédé, en 1414, à Jacques, son père, ne balança pas à prendre parti pour le roi français contre l'étranger. Irrité de sa conduite loyale et courageuse, le roi d'Angleterre s'empara de ses biens, et donna la seigneurie de Damville à l'un de ses capitaines, Pierre Crost (ou Croft).

Celui-ci, animé du même esprit d'appropriation que son maître, usait et abusait de la concession qui lui avait été faite, lorsque la mort vint mettre fin à sa possession, et fit rentrer le fief dans les mains du donateur.

Dans les lettres patentes du 5 décembre 1419, le roi anglais se plaint amèrement de ce que Crost, sans tenir compte « des reservacions » du titre constitutif, « avait establi vicontе a son droit, et s'était entremis de faire gouverner la haulte justice en son nom. » Pour conclusion, « il déclare » qu'il veut que la seigneurie de Damville soit « tenue » par les vicomtes de Conches et Breteuil, « pour, dit-il, les revenus et domaines, les exploits et amendes être appliqués à nous et à nostre prouffit (28). »

(26) Lebrasseur, *Hist. du comté d'Evreux*, Preuves, p. 111.

(27) A. Duchesne, p. 154.

(28) Rôles normands et français ; — *Mém. de la Société des Antiquaires de Normandie*, t. XXIII, n° 698.

Le domaine de Damville paraît être resté ainsi exploité, au profit du roi d'Angleterre, pendant quelques années. En 1429, il dut être nécessairement compris dans la donation que ce prince fit en masse de tous les biens de Jean de Montmorency à Jean de Luxembourg, bâtard de Saint-Pol, qui avait suivi sa bannière (29). Dans les lettres patentes qui constatent cette donation (30), il est curieux de voir à quel point on a pu confondre les idées, en travestissant la fidélité en trahison! On y lit : « ... Lesqueles villes, forteresses, etc. sont à nous forfaites, escheues, confisquées et appartenantes, parce que le dit Jehan de Montmorency en rompant la foy et loyauté qu'il nous devait en commettant le crime de lèze majesté à l'encontre de nous, s'est constitué à nous *rebelle*... »

Lorsque les Anglais furent chassés de Normandie, Jean de Montmorency reprit possession de sa seigneurie de Damville [1449]; mais les ennemis l'avaient réduite au plus misérable état, ayant détruit les fortifications, ruiné les édifices et brûlé les titres de fief... « En considération d'une telle ruine, le roi lui octroya [1449] surséance jusques à un an, pour lui en bailler aveu et denombrement (31) ». Cet aveu ne fut rendu qu'en 1454. (*V.* App. VII.)

---

(29) Le bâtard de Luxembourg devait bientôt se montrer digne de la haute faveur de Henri V : c'est lui qui après la prise de Jeanne Darc devant Amiens [24 mai 1430], *l'acheta* du bâtard de Vendôme et la *revendit* aux Anglais au prix de 10,000 liv.!

C'est le même qui, pour mettre son neveu le jeune comte de Saint-Pol *en voie de guerre*, lui faisait égorger 80 prisonniers !

(Duruy, *Abr. de l'Hist. de Fr.*, t. Ier, p. 513, 528.)

(30) A. Duchesne, p. 232.

(31) *Id.*, p. 235, 236.

[1469] Le seigneur de Damville, si prompt à courir au champ de bataille, était moins exact à se rendre aux revues pacifiques, aux *monstres* auxquelles il était appelé.

En effet, dans le *pappier des monstres* du bailliage d'Evreux (32), nous voyons, au nombre des absents, « le seigneur de Montmorency, pour le fief, terre et seigneurie de Damville. Il est demourant au dit lieu de Montmorency. » Ses fiefs et revenus furent « prins et mis en la main du roy; » mais il est à croire que cette saisie n'eut pas de suites sérieuses (33).

[1473] Jean de Montmorency vendit le domaine de Damville à Jean de Hangest, bailli d'Evreux, qui en fut reçu à foi et hommage par le roi Louis XI. Les 8,000 écus d'or, prix de la vente, étaient destinés à acquitter la dot de Philippe de Montmorency, sa fille (34).

Après avoir été l'objet d'une double action *en retrait lignager* (35), de la part de Gabrielle de Villiers

---

(32) *Rec. de la Soc. lib. de l'Eure*, 3e série, t. Ier, p. 378, 382.

(33) On fait remonter à J. de Montmorency l'origine d'un dicton populaire. Ayant vu deux de ses fils, *Jean de Nivelle* et Louis de Posseux, embrasser le parti du duc de Bourgogne contre Louis XI, il les somma à son de trompe de revenir au service du roi. Aucun d'eux ne s'étant présenté, il les appela *chiens* et les déshérita. De là on a dit : « Il ressemble au *chien* Jean de Nivelle qui s'enfuit quand on l'appelle. »

(Désormeaux, t. Ier, p. 336.)

(34) Cette dot de 500 l. de rente avait d'abord été assise sur la terre de Damville, puis reportée sur celle de Vitry.

Philippe de Montmorency avait épousé, en 1465, Charles de Melun, baron de Normanville, lieutenant général du royaume, décapité en 1468 sur la place du Petit-Andely, pour avoir encouru la disgrâce de Louis XI, dont il avait possédé toute la faveur.

(35) Le droit de *retrait lignager* ou de *clameur lignagère* était la faculté qu'avaient les parents (les lignagers) du vendeur d'un

et de Marguerite de Montmorency. épouse de Nicolas
d'Anglure, ce domaine passa, par voie d'échange, à
Guy Pot, bailli de Vermandois [1474].

Celui-ci le transmit à René, son fils; et Anne, sa
fille, l'ayant recueilli dans la succession de son frère
[1503], le remit, après ces longs détours, aux mains
d'un Montmorency (Guillaume), qu'elle avait épousé
en 1484 (36).

Guillaume de Montmorency prêta serment de foi et
hommage à Louis XII, le 12 octobre 1503. Vers la
même époque, il présenta Thomas de la Villette pour
la cure de Saint-Pierre de Charnelles.

[1518] Guillaume de Montmorency, mariant Louise
d'Escouen, sa petite-fille, lui donna le domaine de
Damville, pour 1,000 l. t. de rente. Mais il n'apparaît
pas que la donation ait reçu son exécution; car,
dans un traité intervenu entre les enfants de G. de
Montmorency, comme règlement anticipé de sa succession, on voit ce domaine figurant parmi les biens
à partager, et attribué à Anne de Montmorency, qui
en prit possession en 1531, au décès de son père (37).

Nous voici arrivés à celui des seigneurs de Damville, qui, bien qu'on ait surfait son mérite sans

---

immeuble de le retirer des mains de l'acquéreur, en lui rembour-
sant le prix et les loyaux coûts. (Cout. de Norm., art. 452).

A Damville on disait : *Clamer à droict de sang*. (Anciens con-
trats.)

(36) Se fondant sur des armoiries par lui vues dans l'église
de Blanday et sur les sceaux du bailliage de Damville, l'auteur de
la *Maison de Chambray* émet l'opinion qu'un premier mari d'Anne
Pot aurait été, du chef de sa femme, seigneur de Damville; mais
cela n'est pas possible, puisqu'elle n'avait hérité de ce fief que longtemps après son mariage avec Guillaume de Montmorency.
(A. Duchesne, p. 339, Preuves, p. 179, 261.)

(37) A. Duchesne, Preuves, p. 266, 268.

doute, n'en occupe pas moins la plus grande place dans l'histoire nationale. « Il faudrait, dit André Duchesne (38), non un chapitre, n'y un livre, mais un volume entier, pour descrire dignement les haultes et généreuses actions d'Anne de Montmorency... » Il était ordinairement qualifié de « grand chef d'armées et d'incomparable conseiller d'Estat. »

Pierre Ronsard lui fit une épitaphe en 264 vers ! Toutefois, par suite de la résidence à Montmorency ou à Paris des seigneurs de Damville, la note qui résumera ce que nous savons de cet homme illustre, considéré seulement comme seigneur du fief normand, sera des plus exiguës.

Le seul fait que nous ayons à considérer ici, c'est qu'Anne de Montmorency fit l'acquisition des seigneuries de Corneuil et des Minières; et, par lettres données au mois d'août 1552, en faveur de son très-cher aimé et très-cousin, Henri II les réunit à la chatellenie de Damville, pour ne plus faire à l'avenir qu'un seul fief, et il érigea le tout en baronnie (39).

Plusieurs des seigneurs de Damville peuvent être comptés parmi les grands hommes que la France a produits; mais c'est sous le nom de Montmorency qu'ils sont cités dans l'histoire. Il en est un toutefois, Henri Ier, qui illustra le nom de Damville, sous lequel il fut connu pendant la vie de son père, longtemps avant d'en posséder la baronnie (40).

(38) A. Duchesne, Preuves, p. 377.

(39) Déjà dans plusieurs documents antérieurs on voit le titre de baronnie donné à la chatellenie de Damville. — Le baron de Damville était au nombre des nobles « tenus de garnir et de faire comparence en l'Echiquier de Normandie. »
(La Roque, *Hist. de la maison d'Harcourt*, t. III, p. 160.)

(40) Duchesne ayant raconté comment Anne de Montmorency

Habile et intrépide dans les combats, il ne valait pas moins dans les conseils et dans les luttes de la diplomatie, qui ont aussi leurs succès et leurs revers. Cependant, si l'on en croit Désormeaux, historien de la famille (41), il ne savait ni lire ni écrire; à peine savait-il signer son nom : ce qui aurait fait dire à Henri IV : « Avec mon compère (42), qui ne sait pas lire, et mon chancelier, qui ne sait pas le latin, il n'y a rien que je ne sois en état d'entreprendre. »

Henri de Damville étant devenu, par la mort de François, son frère, titulaire du duché de Montmorency, remit la baronnie de Damville à Charles, son autre frère, conformément aux dispositions du testament paternel.

[1610] La seigneurie de Damville atteignit sous Charles de Montmorency la plus haute dignité dont le titre pût être attaché à son fief : elle fut érigée par Louis XIII en duché-pairie. (*V.* App. XI.) Cette transformation détachait de la compétence du parlement de Rouen toutes les actions concernant le fief ou le titulaire, pour les soumettre exclusivement à la juridiction du parlement de Paris (cour des pairs), et c'est devant cette cour que le nouveau duc et pair prêta le serment accoutumé le 30 décembre 1610 (43).

Charles de Montmorency ne jouit pas longtemps

---

fut pris par les protestants à la bataille de Dreux [1552], ajoute : « Ce qui esmeut tellement le courage du seigneur de Damville, qu'il répara sa prinse par celle du prince de Condé. »

(41) T. III, p. 157-158.

(42) Henri IV était le parrain du fils de Henri de Montmorency.

(43) A. Duchesne, Preuves, p. 309.

de la dignité à laquelle il avait été élevé. Décédé
en 1612, il la laissa, par dérogation au titre d'érection, à son frère Henri 1er, qui avait déjà possédé le
fief de Damville. Celui-ci, deux ans après [1614], le
transmit sous son nouveau titre à son fils Henri,
deuxième du nom, auquel le roi « fit don et remise
des droits de reliefs et autres droits seigneuriaux
deubz par le décès du feu sr connestable, à cause dudit duché de Damville, comme aussi desdits droits de
reliefs, par le décès de feu sr amiral de Dampville, à
cause dudit duché (44). »

Henri II fut le dernier seigneur de Damville du
nom de Montmorency. Condamné pour avoir pris les
armes en faveur du frère et de la mère de Louis XIII
dans leurs querelles avec Richelieu, il fut décapité à
Toulouse le 30 octobre 1632, sans égard pour les
services qu'il avait rendus. Sa mort rompit l'alliance
des noms de Damville et de Montmorency, vieille de
plus de trois siècles (45).

(44) *Mém. de la Soc. des Antiq. de Norm.*, 2e série, VIIIe vol.,
p. 106.

(45) La vie de Henri II de Montmorency, qui devait finir par un
si terrible drame, commença par un roman. Henri IV, son parrain,
voulait lui donner en mariage Mlle de Vendôme, sa fille, alors qu'il
n'était âgé que de treize ans ; mais son père, qui avait d'autres vues,
l'envoya en toute hâte en Bretagne épouser Mlle de Chemillé, qui
lui était destinée. Le roi, averti, fit partir aussitôt M. de Soubise à
la tête de deux compagnies de chevau-légers avec ordre d'enlever
Mlle de Chemillé. La cavalerie arriva trop tard : le mariage était
célébré et... consommé, dit-on. Henri IV fit casser le mariage,
sans pourtant arriver à ses fins ; car, après sa mort, Marie de Médi-
cis fit épouser sa nièce au jeune duc Marie-Félice des Ursins.

« Aucun seigneur français, dit Sismondi, n'égalait Montmorency
pour la beauté, la grâce, l'élégance et la valeur... Il était l'idole
du peuple et des soldats. » (*Hist. de Fr.*, t. XXIII, p. 197.)

Devant la commission, un témoin dépose ainsi : « Le feu et la
fumée m'empêchèrent d'abord de le reconnaître ; mais, voyant un

L'arrêt qui condamnait Montmorency prononçait en même temps la confiscation de ses biens (46). Il paraît toutefois que cette disposition n'aurait pas reçu son exécution, du moins en ce qui concerne le domaine de Damville, car la transmission en est ainsi expliquée dans le préambule des lettres patentes données par Louis XIV en novembre 1648 : « Henri, dernier duc de Montmorency, étant mort sans enfants, le duché de Damville, retombé en sa première nature de baronnie, était tombé en héritage à la duchesse de Ventadour, sa sœur, et par elle laissé au sieur comte de Brion (47). »

Ces lettres avaient pour objet d'ériger de nouveau la baronnie de Damville en duché-pairie en faveur de François-Chrystophe de Lévis, comte de Brion (48).

Sa mort arriva sans qu'il laissât d'enfants; la seigneurie de Damville, retombée pour la seconde fois à l'état de baronnie, passa à son neveu Louis-Charles de Lévis, duc de Ventadour; puis à la fille de ce dernier, Anne-Geneviève de Lévis (49), qui la vendit [1694]

homme qui, après avoir rompu six de nos rangs, tuait encore des soldats au septième, je jugeai que ce ne pouvait être que M. de Montmorency. »

« Allons, » dit-il en montant à l'échafaud, « voici le chemin qui mène au Ciel. »

(Désormeaux, t. III, p. 194, 195, 442, 446.)

(46) Sismondi, *Hist. de Fr.*, t. XXIII, p. 211.

(47) *Hist. gén. de Fr.*, par Anselme, t. IV, p. 238.

(48) « Par lettres royales de 1665, il fut nommé « vice-roy de « l'Amérique... »

(*Hist. gén. de Fr.*, t. IV, p. 31, 32.)

(49) « Née en 1673, elle avait été mariée le 16 juillet 1691 au fils de Godefroy-Maurice de la Tour-d'Auvergne, comte d'Evreux, Louis-Charles, dit le *Prince de Turenne*, tué à la bataille de Steinkerque, en 1692. Elle épousa ensuite, le 15 octobre 1694, Hercule-Mériadec de Rohan. »

(*Hist. gén. de Fr.*, t. IV, p. 33.)

à Louis-Alexandre de Bourbon, comte de Toulouse, fils légitimé de Louis XIV (50).

Ce prince, voulant pourvoir à l'établissement de son fils et lui donner des dignités et des avantages proportionnés à sa naissance, et considérant que la terre et seigneurie de Damville était une des plus considérables de Normandie, l'érigea de nouveau en duché-pairie, au profit du comte de Toulouse. (*V.* App. XIII.)

La réception eut lieu au parlement de Paris, le 27 octobre 1694, et le duc de Damville prit séance avant les pairs ecclésiastiques et séculiers (51).

Au moment où le rétablissement de ce duché avait lieu, une contestation était soulevée par Godefroy-Maurice de la Tour d'Auvergne, comte d'Evreux : il prétendait que le fief de Damville relevait de lui, à cause de la châtellenie de Breteuil. Déjà, conformément aux ordonnances rendues par le lieutenant général d'Evreux, il avait fait opérer la saisie féodale, et, après les quatre criées à la porte de l'église pa-

---

(50) Né le 6 juin 1678, des amours doublement adultères de Louis XIV et de Mme de Montespan, il avait été légitimé par lettres de novembre 1681, et plus tard déclaré, ainsi que son frère le duc du Maine, apte à régner à défaut de descendants légitimes : on sait combien, pendant la vie de Louis XIV, et surtout après sa mort, cette affaire des *enfants légitimés* occasionna de difficultés et de conflits !

Saint-Simon, cet adversaire si ardent des légitimés, ne put s'empêcher de dire du comte du Toulouse « qu'il était l'honneur, la vertu, la droiture, la vérité, l'équité mêmes..... » (*Mémoires,* ch. CLXXVII.)

Il eut pour fils unique le duc de Penthièvre, qui fonda l'hospice du Petit-Andely, et mourut à Vernon, laissant une mémoire chère aux malheureux et vénérée de tous.

(51) Anselme, *Hist. gén. de Fr.,* t. V, p. 43.

roissiale, déclarées bonnes et valables, la réunion au comté d'Evreux avait été prononcée.

Sur l'appel porté par le comte de Toulouse devant le parlement de Paris, ces décisions furent annulées le 28 mars 1695, par le motif « que la terre de Damville avait été attachée à la terre de Louvre par la première érection en duché-pairie, et que ce qui entre une fois dans sa mouvance n'en sort point, quoique les dignités qui l'y ont fait entrer viennent à s'éteindre (52). Dans tous les cas, Damville, rétabli en duché-pairie, aurait été en dehors de la mouvance du comté d'Evreux, lors de l'échange contre Sédan [20 mars 1651].

[1718] Anneau de la grande chaîne féodale, le duc de Damville prêtait serment de foi et hommage au roi, son suzerain, et à son tour il recevait le même serment des seigneurs qui relevaient de lui. C'est pour accomplir ce devoir que, suivant acte dressé devant témoins (*V.* App. XII), par le notaire tabellion du fief, Gilbert-Alexandre de Lombelon des Essarts se présente au manoir seigneurial de Damville, et là, devant le fondé de procuration du comte de Toulouse, absent, « après s'être mis en devoir de vassal, » parla en ces termes : « Je viens pour faire la foy et hommage que je suis tenu et obligé faire et porter à mon dit seigneur le duc de Damville, à cause de mon dit fief des Essarts, qui est un plein fief de haubert, assis en ladite paroisse des Essarts et autres paroisses... rellevant nuement dudit duché de Damville, et vous déclare que je suis et deviens homme et vassal de mon dit seigneur le duc de Dam-

(52) D'Expilly, *Dict. géogr., hist. et polit.,* v° Damville.

ville, et promets luy porter la fidélité, foy et loyauté qu'un vassal doit à son seigneur envers et contre tous, saouf la féauté deue au roy...» Cette déclaration devait être suivie du dénombrement du fief, présenté selon la coutume.

[1719] La seigneurie de Damville cessa d'appartenir au comte de Toulouse, par la vente qu'il en fit à Marie-Madeleine de la Vieuville, comtesse de Parabère (53). En rapprochant l'origine de celui qui vendait de la position à Versailles de celle qui achetait, les bourgeois de Damville ne devaient-ils pas avoir une singulière idée de la moralité de la cour?

Damville perdit définitivement son titre de duché-pairie; mais on n'en continua pas moins à le lui donner, même dans les actes publics, jusqu'à l'abolition de la féodalité : tant les localités comme les individus sont sujets à l'ambition des titres !

Toutefois il faut reconnaître qu'ici la prétention des habitants de Damville pouvait s'appuyer sur le texte des lettres patentes de 1694. On y lit, en effet : « Erigeons et rétablissons ladite terre et seigneurie de Damville... en titre et dignité de duché et pairie, en faveur de notre dit fils légitimé... ses enfants mâles et femelles, ses héritiers et successeurs et ayants cause... »

Au nom de Parabère succède un des plus grands noms de notre histoire : celui de du Terrail, qu'avait illustré Bayard, le *Chevalier sans peur et sans reproche.* La seigneurie de Damville fut acquise, en

(53) « Nous devons à la vérité de dire que Mme de Parabère fut une des maîtresses du régent Philippe d'Orléans. »
(Sismondi, *Hist. de Fr.*, t. XXVII, p. 461.)

effet, par Joseph Durey de Sauroy du Terrail (54),
qui la posséda jusqu'à sa mort [1752].

Il eut pour successeur son fils Joseph Durey de Sauroy, marquis du Terrail, baron de Saint-André, etc.

Nous arrivons au dernier seigneur de Damville,
dont le titre devait s'engloutir vingt ans plus tard,
avec sa vie, dans l'abîme révolutionnaire. Louis
Hercule Timoléon, duc de Cossé-Brissac, pair de
France, gouverneur de Paris, succéda, en 1770, au
marquis du Terrail, son oncle maternel. Ce n'est
qu'en 1780 qu'il prêta serment de foi et hommage,
pour le fief de Damville, devant le parlement de
Rouen, comme le constate l'acte qui en fut dressé
alors.

Il mourut à Versailles, dans le massacre du 9 septembre. C'est de lui que Delille a dit :

« Les vertus du vieil âge honoraient ses vieux ans (55). »

Cette mort lamentable fut un sujet de deuil pro-
fond pour la population de Damville, qui, en pleu-
rant les victimes, avait du moins la consolation de
ne compter aucun des siens parmi les bourreaux !

(54) Nous ignorons la date exacte de cette transmission, qui eut
lieu de 1724 à 1731.

(55) *La Pitié*, IIIᵉ chant.

III

LE FIEF

Nul document ne nous fait connaître quelle était, dans les premiers temps, l'importance du domaine féodal de Damville. Le moins toutefois, qu'il pouvait comprendre, c'était le château fort, dès qu'il fut bâti, ainsi que les droits, soit utiles, soit simplement honorifiques, dont les usages généraux et locaux accordaient le bénéfice aux possesseurs de fiefs.

Cette ère conjecturale dure pour nous jusqu'à l'année 1274, date du premier titre dans lequel nous trouvons déjà quelques détails, et surtout le prix du domaine cédé. Nous en extrairons, ainsi que des autres pièces du même genre, la mention des immeubles, rentes et droits de toute nature indiqués comme dépendant du fief, qui paraît avoir toujours été en s'agrandissant.

Ce premier titre (1) avait pour objet de constater la cession intervenue entre Robert de Courtenay et Pierre de la Brosse; il désigne ainsi le titre de Damville et ses dépendances : « Le manoir, les fossés, prés,

(1) Cart. norm., n° 846 ; — Chartes confirmatives, *ibid.*, n°s 838, 839, 840 et 848.

pêche, eaux, cens (2), fours, étallages (3), maisons,
marché, péages (4), exploits (5), coutumes (6), bois,
fiefs, arrière-fiefs, hommages, garennes, droit de
justice; les terres d'Arpentigny et des Meurgers...»
Comme arrière-fiefs, on voit cités dans le titre ceux
des Essarts, de Gouville et du Cormier.

Le prix consistait en une rente de 100 liv. tournois. Les deux moulins étaient vendus séparément,
moyennant un capital de 1,000 liv. parisis.

Pour augmenter son domaine, Pierre de la Brosse
acquit : 1o [1275] de Pierre de Criquebeuf, moyennant
600 liv. tournois, un héritage situé à Saint-Pierre de
Charnelles; 2o [1276] de Pierre de Marcouville et Jean
de la Chambre, deux sergenteries, « en tant qu'elles
s'étendaient sur le fief de Damville et Charnelles. »

L'héritage acquis de Criquebeuf avait été immédiatement réuni, par chartes royales, au fief de
Damville (7).

D'après une charte de 1292, contenant le détail
des objets cédés par Philippe le Bel à Mathieu IV de
Montmorency, le domaine de Damville comprenait
désormais : la prévôté de Tillières; une vigne et un
moulin à foulon situés au même lieu; les terres ap-

(2) Redevance payable en argent.

(3) Droit perçu sur les marchandises exposées en vente sur un
étal du seigneur.

(4) Droits payés par les marchands traversant le fief avec des
marchandises ou des denrées. Le produit en était primitivement
affecté à l'entretien des chemins.

(5) Service dû au seigneur au temps de la moisson, et qui paraît
tirer son nom d'une espèce de corbeille servant à ramasser les
fruits.

(6) Taxes réglées par les usages locaux.

(7) Cart. norm., nos 849, 850, 855, 871, 872, 873.

pelées la *Queue-Blanchard* (8); la ferme de Guinces-
tre (ou de la Métairie); les terres de Charnelles et de
Perche-Pendue; le cens du Breuil (9); 7 oies sur les
terres de Luc de Bois-Rénaud, situées dans le clos
des haies de Tillières; 20 s. 6 d., et un chapon sur
l'hébergement appelé *Muelle*, au même lieu; 67 s.
4 d., et 3 chaperons, plus 18 d., sur les terres de
Martin-Bellande, au même lieu; 6 s. 6 d. et un
chapon sur les terres de Garin de Courgeon, au
même lieu; l'hommage et la garde du fief des Essarts; le fief, le manoir et le fouage des paroisses et
terres de Tillières, du Roncenay, Champ-Dominel,
Villez, Gouville, Losmes, Blandey, Authenay, Roman, Charnelles, le Breuil et Chanteloup; plus le
domaine de tous les bois et forêts situés dans les
mêmes paroisses.

Le tout était cédé pour la somme de 500 liv., dont
Philippe le Bel voulait s'acquitter envers Mathieu de
Montmorency.

On ne manquera pas de s'étonner qu'un domaine
dont le prix, en 1274, était représenté par un capital de 1,000 liv. et une rente de 100 liv., soit tombé
en dix-huit ans à une valeur de 500 liv., malgré des
augmentations considérables qui dépassaient de
beaucoup l'importance du manoir et des autres
choses données à part. Mais cette anomalie s'expli-
que naturellement par le désir de l'auteur de la concession de payer généreusement les services reçus.

Pour avoir une idée complète de ce qu'était le domaine de Damville, à cette époque, il faut ajouter,

(8) Paroisse de Villez-sur-Damville.
(9) Breux, près de Tillières.

aux objets dont le détail précède, ceux que nous
avons vus en la possession de Pierre de la Brosse;
car il n'est pas douteux qu'ils aient été compris dans
la cession, sans réserve du fief de Damville, ou dans
le don du manoir avec ses dépendances.

Comme tout propriétaire nouveau, Mathieu de
Montmorency paraît désireux de s'arrondir : on le
voit bientôt, en effet, acquérir de Pierre des Mignières, seigneur de Cornueil, toute la terre et tout le
pré de la Garenne, moyennant 90 liv. tournois (10).

Un acte du 7 juin 1504 (11) nous révèle une double
brèche faite au domaine de Damville et à la vertu
seigneuriale : par cet acte, Guillaume de Montmorency racheta de Joachim Legras, prêtre, les fiefs de
Charnelles et d'Aumaire situés en la paroisse de
Charnelles, qui avaient été donnés autrefois par son
aïeul Jacques à Denyze, sa fille naturelle, en la
mariant à Robert Enguerrand, écuyer (12).

[1508] Le fief de Damville subit une modification,
par l'effet d'une transaction arrêtée entre Guillaume
de Montmorency et Charles le Veneur, baron de Tillières. Le premier cédait au second les droits de
prévôté et de travers, et les trois moulins qu'il possédait dans ce bourg, moyennant une rente seigneuriale de 55 liv., « par réservation du droit de haulte

---

(10) A. Duchesne, Preuves, p. 129.

(11) Id., p. 356, et Preuves, p. 261.

(12) Le même Robert Enguerrand figure comme *garde des sceaux
de la baillie* de Damville, dans un acte du 11 juin 1416 (Cart. du
Chapitre, appartenant à l'Evêché d'Evreux.) Il avait sans doute été
nommé à cette fonction par son beau-père, décédé en 1414.

justice, pour ledit sieur de Damville, au bourg et paroisse dudit Tillières, hors le château (13). »

[1550] Anne de Montmorency augmenta notablement les dépendances de sa chatellenie de Damville, achetant, pour les y réunir, les seigneuries de Corneuil et des Grandes-Minières, tenues du roi à cause de son château de Breteuil. Le vendeur était Hector de Vippart, baron du Bec-Thomas, qui, lui-même, quelques mois auparavant, avait acquis ces deux terres de Charlotte de Dreux, pour le prix de 33,000 liv. tournois (14).

[1602] Les archives de la Seine-Inférieure nous ont fourni un document important qui nous donne le tableau détaillé du fief de Damville au commencement du xviie siècle : c'est le procès-verbal, avec dénombrement et enquête, de l'aveu du 24 novembre 1602, passé par Charles de Montmorency devant le parlement de Rouen, lorsqu'il succéda à son frère Henri Ier, dans la possession de ce fief. Nous regrettons, avec le rédacteur de l'acte de dénombrement, que la destruction des archives de la seigneurie « par feu et guerre » l'ait privé de renseignements précieux. Il semble, en effet, qu'il ait voulu exagérer les torts des Anglais, « antiens ennemys du royaulme », et se créer des arguments pour la reprise du procès dont il va être question, en semant son travail de lacunes, d'erreurs et d'obscurités : puissent ces défauts ne pas s'être grossis et multipliés dans l'analyse que nous allons donner ! (V. App. X.)

(13) Aveu du 28 novembre 1602.
(14) A. Duchesne, Preuves, p. 261.

MOUVANCE DE LA BARONNIE (15)

Elle a son chef à Damville, et s'étend sur les paroisses de Damville, Corneuil, les Minières, Tillières, Breuil (Breux), Losmes, Charnelles, la Gueroude, Gouville, Blandé, Roman, Authenay, le Chesne, les Essarts, Chantelou, le Roncenay, Coullonges, Villiez, Champ-Dominel, Grandvilliers et Hellenvilliers ; et aussi, en partie, sur celles de Menthelon, Nuisement, le Beshellenc, Bourg, Francheville, Athez (Saint-Nicolas-d'), Mandres et Dame-Marie.

En relèvent :

Les Essarts, plein fief de haubert, tenu par Alexandre de Lombelon ;

    Dont relèvent :

    Le Gerrié-Ernault, plein fief de haubert, sur les paroisses de Champ-Dominel et de Coulonges, possédé par les héritiers de Claude de Moucy (16);

---

(15) Pour les noms d'homme et de lieu que comprendra ce tableau, nous suivons l'orthographe du document que nous analysons.

(16) L'hommage de ce fief, ainsi que le droit de relief et autres de même nature, avaient été l'objet d'un procès, vieux de deux cents ans, qui avait été interrompu par l'invasion des Anglais. Charles de Montmorency, dans son aveu, annonce l'intention, malgré la perte de ses titres, de reprendre l'instance contre Alexandre de Lombelon, qui, comme ses ancêtres, était resté en possession des droits en litige.

Une semblable contestation existait pour la tenure des fiefs du Chesne, le Brouillard, la Vallée, Jaucoux, Vaux et la Coustardière.

Cette opposition d'intérêts n'empêchait pas les bons procédés entre le suzerain et le vassal, car la garde d'Alexandre de Lombelon étant échue à Ch. de Montmorency, il l'avait généreusement donnée à la mère du mineur.

Bournainville, fief assis en la vicomté d'Orbec;

Le Chesne, plein fief de haubert, paroisse du Chesne, tenu par Gilles Potin;

Dont relèvent :

Le Brouillard, quart de fief, tenu par Robert le Roux, écuyer;

La Vallée, quart de fief, paroisse du Chesne, tenu par les hoirs de Michel de Varennes;

Chanteloup, plein fief de haubert, paroisses de Chanteloup et Authenay, tenu par les hoirs de François de Bois-Millon;

Chambray, fief à Gouville, tenu par Gabriel de Chambray;

Jaucoux, demi-fief de haubert;

Vaux, fief, paroisse d'Authenay, tenu par Hector de Cougny;

La Coustardière, huitième de fief, à Tillières;

La Postière, vavassorerie à la Guéroude, tenue par les hoirs Collas Jehan;

Le Breuil, vavassorerie à St-Nicolas-d'Athez, tenue par les mêmes;

La Rouillardière, vavassorerie à Francheville, tenue par Nicolas de Bardout, écuyer;

Les Chastelletz, aînesse, paroisse de Bourg et de Mandres, tenue par les hoirs de Jehan Desmarest;

La Lande, vavassorerie ou aînesse à Mandres, tenue par les hoirs de Jacques Fayet;

La Choutière, vavassorerie tenue par maître Loys de Pevrel, sieur de Bémécourt;

La Troudière, vavassorerie, paroisse du Breuil, tenue par Pierre Tabouret et consorts;

Losmes, vavassorerie à Losmes, tenue par
messire Denys de Fossez, chevalier;

Lescivel, aînesse à Losmes, tenue par Pierre
Poisson, écuyer;

La Mésengère, aînesse à Menthelon, tenue
par les hoirs Collas Buisson;

Boisbelot, aînesse à Losmes, tenue par Jehan
Noe fils;

Rondel, vavassorerie tenue par le sieur de
Morainville;

Longpoirier, aînesse à Menthelon, tenue par
Crestian Germain;

Bois-Clerc, aînesse à la Poustière, tenue par
les surnommés Robillard;

Roullant-le-Duc, aînesse à la Guéroude, tenue par Hellène Henry, veuve de Robert
Aubert;

Lescivel, quart de fief à Losmes, tenu par
les hoirs Jehan Patin;

Ardennes, fief à Losmes, tenu par les mêmes.

Chaigny, plein fief de haubert, paroisse de Roman et
paroisses voisines, tenu par les héritiers de messire Charles d'O, sieur de Vérigny, et messire
Charles d'O, sieur de Baillet,

Dont relèvent :

Arnoullet, huitième de fief, réuni à celui de
Chaigny, par puissance de fief;

La Haute-Motte de Chambray tenue par Gabriel de Chambray, demi-fief de haubert;

Le Roncenay, huitième de fief au Roncenay,
tenu par les héritiers de Georges de Pilliers.

La Puisette, demi-fief de haubert, paroisse de Roman, tenu par Gaspart de Mainemare, sieur de
Bellegarde,

> Dont relèvent :
>
> La Lande, quart de fief à Roman, tenu par
> Simon Boulenc ;
>
> Montmorin, quart de fief à Roman, tenu par
> led. sieur de Baillet, et les hoirs d'O.

Tenements de : 1° 24 acres de bois, nommées la
Queue-de-Cranney, aux Essarts; 2° 12 acres de
bois, au même lieu; 3° 2 bouvées de terre, au
même lieu; 4° 2 autres bouvées de terre à Vaux;
5° 1 acre de terre et un jardin, au Cormier, tenus
par Jacques Lecomte, écuyer, sieur du Cormier.

Les Houlles, quart de fief, paroisses des Essarts et
de Gouville, tenu par le même.

Le Fief au Moyne, tenu par le même.

Varennes, fief, paroisses de Gouville et Blandé, tenu
par Gabriel de Chambray.

Ardennes, vavassorerie, paroisse de Coulonges, tenue
par Denys Delorme.

Coulonges, prévôté fieffée, paroisse de Coulonges, tenue par François Vaultier.

Le seigneur de Damville possédait en outre :

Le Grand Mesnil, fief à Charnelles.

Mandres, trois fermes.

Corneuil, plein fief uni à la baronnie en 1552,
> Dont relèvent :

> Romilly, plein fief de haubert, tenu par .... Despois, écuyer ;

> Le Perron, demi-fief de haubert, tenu par Henry de Riviers (objet d'une demande en retrait par puissance de fief);

> Fresney, quart de fief, paroisse de Fresney, tenu par Hector de Vallences (en litige pour la tenure avec le procureur fiscal de la baronnie de Saint-André en la Marche);

> Bérengeville, demi-fief de haubert, paroisse de Bérengeville-la-Rivière, tenu par Jehan de Montenay, baron de Garentières;

> Hellenvilliers, demi-fief de haubert, paroisse d'Hellenvilliers, tenu par Gaspart de Mainemare ;

> Le Deffens, fief, paroisse de Chavigny, tenu par Barthélemy Pille-Avoine;

> Grenieuseville, demi-fief, tenu par Loys Damours, écuyer ;

> La Raschée, huitième de fief, tenu par Gaspart de Mainemare ;

> Les Chérottes, huitième de fief, tenu par les hoirs Jehan Planchette;

> Plein fief qui fut tenu par Jehan Beaulieu, en Ardennes, et possédé par les hoirs Jehan Voisin;

> Comet, huitième de fief, à Saint-Ouen-des-Mignières, tenu par les hoirs Estienne du Coudray ;

> Les Petites Mignières, quart de fief, dont moitié seulement appartient à la baronnie de

Damville, et l'autre moitié à Æneas de Tourville, écuyer;

Le Gerié, huitième de fief, paroisse de Chavigny, tenu par Mathieu de Coudumel;

Grandvilliers, fief tenu par Georges des Haulles;

Le Grand-Tertre, huitième de fief, tenu par messire de Baillet, et les hoirs messire Charles d'O;

Le Rossay, huitième de fief, paroisse de Grandvilliers, tenu par les hoirs Mᵉ Jacques Battellier;

Faverolles, fief, en la chatellenie de Conches.

Les Mignières, fief uni à celui de Corneuil,

Dont relèvent:

Bréthonie, huitième de fief, paroisse de Boëcy;

Boisricher, demi-fief de haubert, paroisse des Mignières, ayant été tenu par Simonnet de Chambray;

Roussin, fief, paroisses d'Hellenvilliers et Grandvilliers;

La Cunelle, fief ou tenement sans court ni usage;

La Motte du Tilleul, fief uni au fief d'Hellenvilliers, et tenu par le même.

Droits seigneuriaux : Hommage; — garde-noble; — haute, moyenne et basse justice; — viconté; — prévôté; — tabellionnage et greffe; — amendes; — présentation aux églises de Saint-Pierre-de-Charnelles, de Saint-Aignan-de-Blandé, de Saint-Jeande-Gouville et aux chapelles de Saint-Nicolas (Notre-Dame, suivant le dictionnaire des anciens noms de lieux) de Corneuil, de Saint-Nicolas-des-Minières et de l'Hôtel-Dieu de Damville; — donation des écoles dans toute la baronnie.

Relief; — aides; — treizièmes; — tiers et danger sur tous les bois soumis à ce droit.

Coutume; — travers; — acquits; — forfaitures; — police des métiers et marchandises, des foires et marchés; — jauge, poids, mesures, aunage; — languayage des porcs.

Parcs et garennes (17).

Fouages; — 100 cordes de bois de chauffage, à prendre annuellement dans les forêts de Bretheuil et de Conches; — bois à bâtir et pâturage sans nombre dans les mêmes forêts.

IMMEUBLES NON FIEFFÉS : Le château de Damville et ses dépendances.

Manoirs à Corneuil et aux Meurgers.

Parcs, garennes et bois taillis de la contenance totale de 210 acres.

Étang et rivière d'une longueur de 359 perches.

Fermes : trois à Mandres; celle de Grandmesnil, à Charnelles; de Corneuil, des Petites-Minières, des Meurgers, et quelques petites pièces de terre labourable; en tout, 540 acres.

---

(17) On n'était plus au temps où Louis XI voulait supprimer la chasse pour tout le monde... lui excepté, bien entendu. Un jour qu'il était « reçu et festé à Escouen » par Jean de Montmorency, il demanda à voir les engins de chasse possédés pas son hôte. Celui-ci, très-flatté, étale avec un secret orgueil devant le royal amateur une magnifique collection de rets, panneaux, filets de toutes formes et de toutes destinations... Le roi

« . . . . Vous faisait, seigneur,
« Et vous. . . . croquant beaucoup d'honneur. »

Prairies : 30 acres.

Six moulins, avec de nombreux baonniers, situés à Damville, Coulonges, Chéronnel, Verrières, les Chérottes et les Minières (le moulin de la Porte), four à baon à Damville.

Deux halles à Damville et leurs dépendances.

Quatre boutiques sur le pont aux Barbiers.

RENTES SEIGNEURIALES EN NATURE : Blé (mesure de Damville), 8 boisseaux ; — avoine (même mesure), 14 boisseaux ; — *id.* (mesure de Breteuil), 2 septiers ; plus, 228 boisseaux ; — chapons, 103 ; — poules, 75 et demi ; — œufs, 381 ; — corvées d'hommes, 22 ; — corvées de chevaux et charrues, 25 ; — cire, 8 liv. ; — poivre, 1 liv. ; — verres, 4, dont 1 de pierre ; — gants, 3 paires ; — souliers, 1 paire ; — éperons blancs, 1 paire ; — étrilles, 2 paires ; — esteufs, 2 (ou 2 deniers pour chaque).

RENTES EN DENIERS : 731 liv. 7 d.

Tel était l'état du domaine en 1602. Aucun document ne nous a révélé qu'il ait subi de changement notable jusqu'en 1789.

Nous allons maintenant passer en revue les institutions créées pour l'administration du fief.

BAILLIAGE, JUSTICE, ADMINISTRATION, POLICE (18) : Le premier représentant de l'autorité judiciaire et administrative dans le fief, c'était le bailli, haut justicier, juge civil et criminel et de police. Il avait pour

---

(18) Les renseignements que nous consignons ici sont extraits de documents ne remontant pas au delà de la moitié du XVIIe siècle.

suppléant un lieutenant civil et criminel; un procureur fiscal remplissait près de lui les fonctions du ministère public, donnant ses conclusions sur toutes les affaires dont il connaissait, soit comme juge, soit comme administrateur.

Au tribunal du bailli étaient attachés un greffier, cinq sergents, deux pour Damville et trois pour chacune des branches de Tillières, de Charnelles et de Corneuil; plus, un huissier royal. Trois ou quatre avocats y plaidaient habituellement, et faisaient en même temps fonction de procureurs, signant les requêtes et autres actes de procédure; ils remplaçaient les magistrats en cas d'empêchement ou de vacance.

Au point de vue administratif (19), les affaires d'intérêt commun étaient réglées, sur les réquisitions du procureur fiscal, par le bailli ou son lieutenant. Par exemple, nous voyons celui-ci, en 1734, procéder à la répartition, sur les bourgeois et habitants de Damville, du montant d'une dépense ayant pour objet la réparation du puits du carrefour des halles (20).

Le bailli choisissait et nommait quelques fonctionnaires subalternes, donnait l'investiture aux autres, et admettait les artisans et marchands, le tout après avoir soumis le récipiendaire à une enquête minutieuse sur sa capacité, sa moralité et sa catholicité. Les avocats et les médecins étaient soumis à cette enquête.

Le 2 septembre 1733, un sieur Réauté, désirant succéder à son père, présenta au bailli la demande

(19) Damville était compris dans l'élection de Conches et la généralité d'Alençon.

(20) Registre des appréciations de grains.

qui suit : «... Le suppliant a jugé à propos de s'établir
en ce lieu pour rendre les services au publicq, et il a
heureusement réussi dans toustes les maladies et les
cures qu'il a entreprises; mais, comme par les statuts
des corps de chirurgiens du royaume, par les édits
et déclarations de nos roys, touttes les veuves des
maîtres chirurgiens ont le privilége de faire ouvrir
boutique et exercer l'art de chirurgie dans l'étendue
des bailliages où leurs maris étaient reçus, et cela
par tel frater qu'il leur plaira de choisir, le suppliant,
dont la mère ne tient pas boutique ouverte, demande
à être admis à exercer l'art de chirurgie dans le bailliage de Damville, etc. »

L'enquête eut lieu; et, sur les conclusions favo-
rables du procureur fiscal, le sieur Réauté fut admis (21).

Damville était le siége d'un notariat-tabellion-
nage, dont avaient été détachées les deux branches
de Tillières et de Charnelles. Cette dernière était gé-
rée par un commis du notaire principal, l'autre par
un titulaire indépendant de lui. Le tabellionnage
d'origine féodale et le notariat d'institution royale,
ayant le même objet, s'étaient trouvés réunis en un
seul office appartenant au seigneur, mais qui ne pouvait être exercé qu'en vertu d'une commission royale
revêtue du grand sceau. En 1787, le notariat et le
greffe du bailliage étaient affermés ensemble, pour
M. le duc de Brissac, pour le prix annuel de 800 liv.

La paroisse du Sacq était le siége d'un petit tabellionnage particulier appartenant à l'évêque d'Evreux.

(24) Registre des réceptions.

Cet office, de 1782 à 1791, époque de sa suppression, était affermé moyennant 18 liv.

Les autres fonctionnaires et agents du bailliage étaient le contrôleur des actes notariés; le contrôleur des exploits; l'enregistreur des saisies mobilières; le receveur des aides; le greffier enregistreur des brevets d'apprentissage et lettres de maîtrise dans le corps des marchands et les communautés des arts et métiers; le receveur des fermes, des gabelles, des vins, des tabacs et de l'étain, etc.; le jaugeur vérificateur des poids et mesures; l'inspecteur de la boucherie et le visiteur des porcs.

Les intérêts privés du seigneur étaient administrés par un receveur général remplaçant l'ancien prévôt; par un capitaine des chasses (22) et un officier de vénérie, qui choisissaient les gardes du domaine et les présentaient à l'agrément du bailli.

Tels étaient les nombreux agents chargés de représenter dans le bailliage l'autorité judiciaire, administrative et domaniale, et encore il en est que nous négligeons et d'autres que nous oublions sans doute. Il est vrai de dire que souvent deux ou trois fonctions étaient exercées par la même personne; mais, d'un autre côté, les notaires, les greffiers, les sergents, etc., avaient des suppléants assermentés, fonctionnant comme eux-mêmes, sous leur responsabilité. Il arrivait fréquemment aussi qu'une sergenterie appartenait à deux individus, qui, quand ils ne pouvaient s'entendre pour la gérer ensemble ou l'affermer,

(22) C'était, en 1798, Jean des Brosses, seigneur de Batigny. (Registre du greffe.)

étaient réduits à exercer alternativement pendant un laps de temps réglé par le bailli.

Magistrats de l'ordre judiciaire et de l'ordre administratif tout à la fois, comme nous l'avons vu, le bailli et son lieutenant étaient chargés du soin de la police dans le bailliage. Les cabarets n'étaient alors, pas plus qu'aujourd'hui, des écoles de moralité, d'économie et de bon ordre; aussi le désir d'atténuer le mal avait fait adopter une mesure qui a été très-sagement renouvelée de nos jours. Nul ne pouvait tenir hôtellerie, cabaret ou autre lieu public, sans avoir obtenu l'autorisation du bailli, après avoir été préalablement reconnu de bonne vie, mœurs et conversation. C'est pour obtenir cette autorisation que Pierre-Jean Charpentier, sergent du plaid de l'Espée, présentant une humble supplique au bailli de Damville, lui disait : « A l'honneur de vous démontrer que, désirant tenir chez lui le noble jeu de billard et donner à jouer aux personnes qui désirent s'y amuser, en observant néanmoins les règles de ce jeu et les lois de la police, etc. (23). »

Cette requête fut examinée en présence d'un maître de billard, appelé comme intéressé, et accordée à condition d'exécuter les règlements, notamment de ne pas recevoir les jeunes gens âgés de moins de seize ans.

Le 8 avril 1730, le lieutenant civil et criminel et de police de Damville, « pour réformer les abus, entreprises et malversations qui se commettaient journellement dans la ville et lieux en dépendant, » publia une ordonnance générale de police remarquable par

(23) Registre du greffe de Damville [1784].

la sagesse de ses dispositions, empruntées en grande partie au règlement de police de la ville d'Evreux, portant la date du 30 août 1706 (24). Au milieu d'une série de dispositions destinées à garantir la loyauté des transactions chez les meuniers, les boulangers, les bouchers et tous autres marchands, et à sauvegarder les bonnes mœurs... dans les cabarets, il en est une qui mérite d'être citée; la voici : « Ordonne que ceux dont l'ivrognerie habituelle cause du scandale dans le public et dans leurs familles soient mis ès prison, au pain et à l'eau, pendant le temps qu'il sera nécessaire pour leur correction. » L'auteur du règlement avait trouvé là une peine tout à fait en rapport avec le délit, un remède parfaitement approprié à la maladie. Une semblable pénalité, appliquée aujourd'hui au scandale causé publiquement par l'ivresse, sauverait bien des familles de la misère, et bien des individus de condamnations plus graves.

(24) *Rec. de la Soc. lib. de l'Eure*, 2º série, t. VI, p. 358.

IV

LE BOURG

Lorsqu'on voit aujourd'hui Damville, où depuis quarante ans, à la place de quelques vieux toits abattus, se sont élevées tant de maisons, de rues entières, on aurait de la peine à se faire une idée de ce qu'il était autrefois. Heureusement nous retrouvons l'ancien état de lieux dans un plan dressé avant que l'action du temps et la main de l'homme en eussent notablement changé l'aspect (1).

CHATEAU, MURAILLES, FOSSÉS. — Brûlé en 1188, et détruit de nouveau pendant l'occupation anglaise, le château de Damville ne fut pas rétabli (2); seulement on construisit à la place un bâtiment qui paraissait neuf en 1603, et qui, selon toute apparence, est la modeste maison de bois qu'on nomme encore aujourd'hui le château. De l'ancienne forteresse, il ne restait plus à cette époque que les fossés remplis d'eau, et le pont-levis, qui a disparu depuis.

Un fait qui se rattache à la possession du duché de Damville par le comte de Toulouse peut faire supposer que ce prince eut la pensée de rendre le ma-

(1) Un plan daté de 1778 est joint au terrier de la seigneurie de Damville, qui se trouve aux Archives de l'Eure.

. (2) Aveu de 1602.

noir seigneurial habitable : c'est la construction d'immenses écuries qui, évidemment, n'étaient pas nécessaires aux agents du domaine. A la même époque, la cour du château fut agrandie aux dépens du cimetière (3).

Comme la plupart des lieux fortifiés, Damville eut successivement deux enceintes. Dans l'origine, le bourg était limité et défendu à l'ouest par une muraille partant du pont de Mousseaux, et allant se rattacher, à angle droit, au cours d'eau qui servait de clôture du côté du midi ; à la partie de ce mur, le plus voisin des fossés du château, était adossée une tour ronde, dont les derniers vestiges ont été récemment détruits.

Plus tard, quand la population se trouva trop serrée dans sa ceinture de pierre, un autre mur avec fossé fut établi, et entoura un nouvel espace de terrain, à l'ouest et au midi. La porte de Verneuil, qui s'ouvrait au nord de l'emplacement de la prison, fut reportée à l'endroit où commence aujourd'hui le faubourg de la Lombardie.

Les murs et les fossés qui défendaient le bourg ne sont pas figurés sur le plan de 1778, annexé au terrier ; mais l'examen des lieux a permis de rétablir le tracé de l'enceinte fortifiée. Les lacunes qu'on y remarque étaient évidemment comblées par la rivière, qui, en ces endroits, servait de moyen de défense.

Lorsque le temps des guerres et des invasions fut passé, et que Damville n'eut plus à se protéger par

(3) « Lorsque du temps de S. A. S. le comte de Toulouse, les écuries du château furent bâties, on prit une portion du cimetière pour agrandir la cour. »
(Terrier de Damville, art. 81, 245 bis.)

des fortifications contre les attaques du dehors, on vit, en 1722, Mme de Parabère « concéder à Médard Brunet une partie des fossés de la ville, en pâture et pré, longue de 150 pieds et large de 17, moyennant 10 sols de rente (4).

Trois portes et un pont-levis fermaient les passages ménagés dans l'enceinte de défense : c'étaient la porte de Paris, à l'est ; celle de Verneuil, à l'ouest ; celle de Conches, au nord, et le pont-levis qui séparait le bourg du faubourg de Laval. Il existait en outre, suivant la tradition, un autre passage pratiqué dans la muraille, au midi, à égale distance environ des portes de Paris et de Verneuil, mais si étroit qu'on l'avait nommé le *Trou-au-Chat :* ce passage, tout agrandi qu'il est, a conservé son nom. La maison qui forme un de ses côtés, à l'est, « était tenue autrefois, en temps d'hostilité, de souffrir le passage des gens de guerre qui étaient mis en sentinelle sur le rempart pour la garde de la ville (5).

L'ÉGLISE. — A côté du château fort, on voyait s'élever l'église. Ici, le bruit des armes et les sanglants assauts ; là, l'oubli des misères du temps et l'espoir d'un meilleur avenir ; entre deux, le champ commun, où vainqueurs et vaincus, persécuteurs et victimes venaient attendre ensemble le jour du dernier réveil !

L'édifice actuel n'a rien de bien remarquable sous le rapport de l'antiquité ni de l'architecture.

(4) « Concession en 1722, à Médard Brunet, par Mme la comtesse de Parabère, des fossés de la ville en pâture et prés. » (Terrier, art. 198)

(5) Terrier, art. 132.

Il ne subsiste aucune partie de l'église primitive, et ses portions les plus anciennes, si l'on peut s'en rapporter aux caractères architectoniques, ne sauraient remonter au delà de la fin du xve siècle.

Son orientation est régulière, et l'addition d'une chapelle latérale au nord et d'une tour au midi donnent à son plan la forme d'une sorte de croix latine.

L'église n'a qu'une seule entrée, au midi, à peu près au milieu de la nef, et formée d'une double porte divisée par un gros pilier sculpté, ainsi que son entourage et les corniches supérieures, de feuillages et de figurines d'animaux fantastiques.

L'appareil extérieur de la construction a été fait de moellon d'assez mauvaise qualité, connu sous le nom de pierre de Beaumont.

La nef (6) est éclairée au couchant par une petite rosace et deux fenêtres, et des deux côtés par six autres fenêtres, toutes de style ogival flamboyant; deux d'entre elles, au nord, ont été récemment ouvertes. Sa voûte en bois, soutenue par des entraits sculptés, a reçu récemment une peinture à l'estampage aux couleurs vives.

Le chœur (7) reconstruit il y a plus de vingt ans, paraît avoir remplacé les restes de la construction primitive.

Outre l'autel principal au fond du sanctuaire, et celui dédié à la sainte Vierge, placé dans la chapelle latérale, on y trouve ceux de sainte Anne et de sainte Catherine aux angles de jonction du chœur et de la nef.

(6) La longueur de la nef est de 26^m50, et sa largeur de 8^m60.

(7) La longueur du chœur est de 9^m50, et sa largeur de 5^m60.

La chapelle latérale dédiée à la sainte Vierge et la tour sont dans cette église ce qui mérite le plus d'attention. Une double arcature, formée de deux larges ogives soutenues par un pilier, réunit la chapelle à la nef. Au sommet des nervures de la voûte se voit un écusson badigeonné, de telle sorte qu'il n'est plus possible de savoir, en l'absence d'autre document, si elle fut construite aux frais des seigneurs de Damville, ou par la Confrérie de Charité érigée à la fin du xve siècle.

La tour, de forme carrée (8), à laquelle on accède par un escalier tournant placé extérieurement, a été également réunie à la nef par une double arcature du style de la renaissance, formée de lourds piliers cannelés et ornés de fleurons.

Le rez-de-chaussée, primitivement éclairé par trois fenêtres ogivales, remplies depuis par un dallage de pierre, sert aujourd'hui de sacristie.

Les voûtes n'ont jamais été terminées.

On a placé l'horloge municipale au premier étage, éclairé par six fenêtres aussi de style ogival à peu près semblable à celui du rez-de-chaussée.

Au second étage, sur un plancher de charpente, sont suspendues les trois cloches de la paroisse.

La plus grosse, nommée *Marie-Joseph*, porte la date de 1736 ; elle a été bénie par M. Durcy de Sauroy, alors seigneur de Damville, dont on y voit les armes (9).

(8) Hauteur du clocher 169 m 70. — (*Ann. de l'Eure*, 1837.)

(9) Inscription de cette cloche :

+ 1736. J'AY ETÉ BENITE ET NOMMEE MARIE JOSEPH PAR MESSIRE JOSEPH DVREY DE SAVROY, CHEVALIER, SEIGNEVR DV DVCHÉ ET PAIRIE DE DAMVILLE | SEIGNEVR ET PATRON DE

La seconde, plus petite, nommée *Marguerite-Antoinette*, fut bénie en 1812, par le curé de la paroisse (10).

Enfin la plus petite, provenant de l'église supprimée d'Authenay et donnée à l'église de Damville, se nomme *Anne*, et a été fondue en 1535 (11).

Cet étage de la tour reçoit le jour par six fenêtres à plein cintre dans le style de la renaissance; il se termine par une charpente couverte en ardoise surmontée d'une petite lanterne assez élégante.

On ne remarque aucune pierre tombale dans la nef, le chœur ou la chapelle, et il n'existe que des

CHARNELLES, GOVVILLE, SEIGNEVR DE MONTIGNY, MONTEVEL, BAVVILLIER, LA MOTTE DV COVLOMBIER, MARCILLY LA | CHAMPAGNE, TRANCHEVILLIER, MARTIGNY LE COMTE, CHAMBEY, BARON MARIZY, LE MESNIL GVILLAVME ET AVRES (*sic*) LIEVX, ET PAR HAVTE ET | PVISSANTE DAME MARIE CLAIRE DV TERRAIL DESTAING, SON ÉPOVSE, EN PRESENCE DE Mes GILLES MARIE POPVLVS DE Ste MARIE, PRIEVR DV PRIEVRÉ | DE CHAILLAC ET CVRÉ DE CETTE PAROISSE. M^c MATVRIN BOVLANGER AVOCAT, GABRIEL VASSAL ET NICOLAS LE ROY, TRESORIERS.

> JOSEPH SIMONNOT . PIERRE SIMONNOT
> NICOLAS SIMONNOT FRERES M'ONT FEIASTT (*sic*).

(10) Inscription de la seconde cloche :

L'AN 1812, ÉTÉ BÉNIE PAR M^c LE NOUVEL, CURÉ DE CE LIEU, ASSISTÉ DE Mr MOUTON, VICAIRE, ET NOMMÉE MARGUERITE | ANTOINETTE PAR Mr SIMON ALEXANDRE ANTOINE RENARD ET ET DAME MARGUERITE BELLEMER, VEUVE DE Mr J. B. VALLÉE | Mrs ROUTIER, MAIRE; SEYER, VALLÉE, ABROUTY, LARUE FILS ET BRANCHARD; MEMBRES DU CONSEIL DE FABRIQUE, ETC.

> J. B. COPIE FECIT.

(11) Inscription de la troisième cloche :

+ Mil v^c xxxv fuz faicte et nommée Anne par les habitans d'Authenay, Mr A. Mallart . C. la Trompe . G. le Febure et U. Hardi.

> Meuzer.

fragments de vitraux mutilés du XVIᵉ siècle aux fenêtres de la nef.

L'église de Damville, fondée sous l'invocation de saint Evroult, fut, comme nous l'avons vu, *aumônée* à l'abbaye du Bec vers le milieu du XIᵉ siècle; donation qui engendra de fâcheuses contestations. En 1337 notamment, l'abbé du Bec, au nom de son monastère, revendiqua les deux tiers de la dîme de tous les bois compris dans les limites de la paroisse; et sur la protestation du curé, Bertrand des Authieux, le litige fut soumis à l'arbitrage de l'évêque d'Evreux, qui était alors Geoffroy Faé, ancien abbé du Bec. Après avoir entendu des témoins, et pris l'avis des hommes les plus recommandables, le prélat, étant en son manoir de Condé, rendit une sentence qui admettait la demande de l'abbaye, mais seulement pour certains bois renfermant des chataigniers (12), ou pour ceux qui auraient été semés ou plantés sur des terres de la paroisse assujetties envers l'abbaye à la même quotité de dîme. (*V.* App. VI.)

Le droit de présenter à la cure de Damville fut l'objet [1504] d'une autre contestation entre l'abbé du Bec et Guillaume de Montmorency; l'affaire ayant été portée devant le grand bailli d'Evreux, messire Jacques de Chambray, le droit de présentation fut reconnu au profit de l'abbaye (13). Suivant un inventaire conservé à la Bibliothèque impériale, la même abbaye prétendait avoir le droit de basse justice et

(12) La pièce dont nous avons tiré ces détails est, à notre connaissance, le premier document qui mentionne l'existence du bois de châtaignier dans le pays.

(13) Petit Pouillé du diocèse d'Evreux, fol. 89, aux Arch. de l'Eure.

un droit de travers sur le territoire de la paroisse de Damville; mais il n'apparaît pas qu'aucun exercice soit venu confirmer ces prétentions. D'après le même document, les deux tiers des offrandes faites à l'église auraient appartenu au prieur de Tillières.

La cure, dont le revenu était estimé à 800 liv. pour 250 feux, dépendait du doyenné de Nonancourt. Pour la visite archidiaconale, le curé payait 12 s. 6 d., et la fabrique 17 s. 6 d. (14). La maison presbytérale était située sur la place de l'église, à l'angle ouest de la ruelle Lichefriou.

Confrérie de la Charité. — Ici vient naturellement se placer le souvenir d'une institution qui se rattache à l'église par son but pieux, et par les saintes cérémonies qu'elle lui emprunte. Si, dans les temps ordinaires, les affections de famille assurent à l'homme un dernier asile pour sa dépouille mortelle, il en est autrement quand la contagion multiplie les victimes, et que la peur, bien autrement contagieuse que toutes les maladies physiques, vient paralyser les efforts individuels : on voit alors les corps laissés sans sépulture fournir au fléau un nouvel aliment. Ce fut dans une semblable calamité sans doute qu'empruntant aux inspirations religieuses la puissance bienfaisante de l'association, une réunion se forma à Damville « pour donner à tous ceux qui ont été de vie à trépas les honneurs de la sépulture (15). »

(14) Petit Pouillé d'Evreux.

(15) Article de M. Abrouty sur les Charités, au *Rec. de la Soc. lib. de l'Eure*, 1835, p. 338.

« Fondée en l'honneur et révérence du Sauveur et
Rédempteur notre Seigneur Jésus-Christ et de toute
la Cour céleste [1498], avec le secours de personnes
notables de la ville et païs d'environ, tant gens d'é-
glise, bourgeois qu'autres manans et habitans ; » cette
association prit, comme celle qui existait déjà à
Evreux, le nom de *Charité*. Pour se conformer complétement à ce beau titre, chaque membre faisait
serment, en touchant la croix, de remplir tous les
devoirs imposés par les statuts ; et il formulait son
dévouement à l'œuvre pieuse en jurant que, « tant
qu'il y aura deux frères, il sera le tiers. » Si quelque
frère ou sœur « qui ait bien fait son devoir venait
en nécessité, » la confrérie était tenue « de leur aider et secourir. » Elle distribuait en outre de nombreuses aumônes aux pauvres étrangers à l'association. (*V.* App. IX.)

La confrérie, qui, dans l'origine, comptait sept
chapelains prêtres, et qui, par suite de fondations
pieuses, possédait des biens considérables (16), n'a
plus aujourd'hui la même importance ; mais elle a
toujours la même utilité et les mêmes droits à la reconnaissance du pays.

L'HÔTEL-DIEU. — Un édifice dont il ne reste plus
aucun vestige, et qui pourtant doit laisser un souvenir dans la mémoire des hommes, c'est l'Hôtel-
Dieu. Cet établissement, situé au côté nord de la
rue qui en porte encore le nom, était destiné à recevoir les pauvres, passants ou habitants de Damville, qui, par nécessité, étaient contraints de s'y

(16) Anciennes minutes du notariat de Damville.

retirer (17). Il possédait des revenus dont nous ignorons l'importance; et les bourgeois d'ailleurs ne
manquaient pas de venir au secours des malheureux
recueillis dans cet asile (18).

Une chapelle, sous l'invocation de la sainte Croix,
et à laquelle le seigneur avait droit de présenter,
avait été jointe à l'hospice. Le chapelain ou prieur
était tenu, sous son bénéfice, de réparer les bâtiments et de fournir la paille nécessaire au coucher
des indigents. Le personnel se composait, en outre,
au commencement du siècle dernier, d'une sœur
hospitalière et d'un receveur (19).

L'Hôtel-Dieu avait son cimetière particulier, situé
à peu près au même endroit que le cimetière actuel.
En fouillant sur cet emplacement, il y a quinze
ans environ, on a trouvé des squelettes ayant des
fers aux pieds. C'étaient sans doute ceux de quelques

___

(17) L'Hôtel-Dieu était dans la rue qui en porte encore le
nom. L'établissement consistait simplement : 1º en une chapelle
sous l'invocation de la sainte Croix, à laquelle le seigneur de Damville avait droit de présenter ; 2º en une pièce servant d'hospice.
Le bénéficiaire était tenu de dire la messe dans la chapelle aux
jours de l'Invention et de l'Exaltation de la sainte Croix et de fournir la paille nécessaire pour coucher les pauvres passants et habitants de Damville qui, par nécessité seraient contraints de s'y retirer; plus de réparer les bâtiments.

(Terrier, art. 64.)

(18) On adjugeait aux enchères le droit de vendre de la viande
pendant le Carême; et le prix de la concession s'élevant annuellement de 30 à 40 livres était consacré aux pauvres, qui, en
outre, obtenaient un rabais (de 6 à 8 deniers par livre), sur le prix
auquel l'adjudicataire avait pris l'engagement de vendre la viande
aux autres habitants.

(Registre du greffe.)

(19) Sœur Hyacinthe Falcon dirigeait l'hospice de Damville,
le 4 juillet 1734.

(Anciennes minutes du notariat de Damville.)

prisonniers décédés à l'hospice ou à la geôle, ou de quelques suppliciés..., car les fourches patibulaires n'étaient pas loin de là (20).

Faubourgs, places, etc. — Damville avait deux faubourgs : celui de la Lombardie, à l'ouest, au delà de la porte de Verneuil, et celui de Laval, à l'est. Peut-être ce dernier tirait-il sa dénomination du nom de Laval, allié dès 1358 à celui de Montmorency (21).

On comptait quatre places dans le bourg : la place du Vieux-Marché, où se trouvait la halle aux bouchers, aujourd'hui détruite ; la place du Neuf-Marché, où les grandes halles furent bàties, vers 1550, avec des bois provenant de la forêt de Breteuil, dans laquelle les seigneurs de Damville avaient le droit de prendre du bois de chauffage et de construction (22) ; la place du Petit-Marché, qui s'étendait de la rue de la Geôle vers le pont Enguerrand, et la place de l'Eglise (23).

C'est sur la halle aux bouchers, construction fort peu monumentale, qu'était établi le prétoire où les baillis et leurs lieutenants rendaient la justice. De-

(20) Bois de la Justice contenant deux acres. Les fourches patibulaires de la haute justice de la seigneurie de Damville étaient autrefois placées et édifiées sur cet héritage.
(Terrier de Damville, nº 253.)

(21) « Charles de Montmorency maria sa fille Jeanne à Guy de Laval, dit *Brumor*. Sur le traité du 29 septembre 1378, il lui avait promis en dot le château et la chatellenie de Damville ; mais cette partie du contrat ne reçut pas son exécution. La dot sans doute aura été autrement acquittée. »
(A. Duchesne, p. 211.)

(22) Terrier, art. 135.

(23) Il y avait un quatrième marché pour la vente des porcs. Il était placé en dehors des murailles, près du *Trou-au-Chat.*

puis, ce bâtiment servit de salle de justice de paix et de maison commune.

La prison était située au centre du groupe de maisons compris entre la place du Vieux-Marché et la ruelle du Moulin. Elle se composait d'une pièce appelée la Chambre-aux-Bourgeois et de plusieurs cachots. En 1736, le geôlier ayant été constitué prisonnier comme complice d'évasion, et ne pouvant naturellement se garder lui-même, un nouveau concierge fut nommé, et, lors du récolement du mobilier de la prison, on trouva dix-sept paires de fers des mains et des pieds, presque toutes garnies de leurs goujons, chaînettes et cadenas ; plus, deux ventrières et deux genouillères avec tous leurs accessoires (24).

Cours d'eau, ponts, moulins. — En voyant sur le plan de 1778 le cours d'eau qui traverse le bourg se diviser près de la porte de Paris, et, par un détour brusque mais symétrique, jeter successivement ses deux bras vers le nord, on est porté à penser que c'est un canal creusé de main d'homme pour les besoins et la défense des habitants. Quand on visite les lieux et qu'on remarque l'escarpement des rives, on acquiert la conviction que l'eau n'a pu naturellement quitter le fond de la vallée pour se creuser un lit sur la pente du coteau.

Le petit canal qui alimentait les fossés du château a été, en 1678, l'objet d'une concession par Louis-Charles de Lévis, duc de Damville, à Mathieu Legendre, bourgeois. Le duc, pour s'exonérer du cu-

(24) Registre des réceptions

5

rage de ce cours d'eau, où les enfants, dit le titre,
jettent continuellement des pierres qui le remplis-
sent, le fieffait jusqu'au pont Lévis, avec faculté de
le peupler de poissons, et droit de planche pour y
pêcher, à charge de payer annuellement deux chapons de rente seigneuriale, avec obligation de com-
paraître aux pleds et gages-pleds de la seigneurie. (*V*. App. XII.)

Ces différents canaux et le cours naturel de l'Iton
avaient nécessité l'établissement de cinq ponts : le
pont Lévis, qui séparait le bourg du faubourg de
Laval ; le pont Barbès, qui donnait accès à ce faubourg du côté d'Evreux ; le pont aux Barbiers, entre
les places des Halles : à côté se trouvait le porche
qui, en disparaissant, a laissé son nom au passage ; le
pont Enguerrand, près de la porte de Verneuil ;
enfin le pont de Pierre, conduisant à Mousseaux (25).
En 1516, ce dernier pont n'existait plus, et Jean II de
Montmorency « fieffait à Guillaume Dubosc, moyennant 10 sols de rente, un héritage nommé les Dou-
ves du Pont-de-Pierre, borné au midi la Morte-
Eau, au-dessous du gué....., au couchant une
petite chaussée par laquelle on accède au pont de
Bois, situé un peu au-dessous de l'ancien pont de
Pierre (26). » Cet ancien pont devait occuper l'emplacement de celui qui existe actuellement. Le pont
de Bois fut reconstruit, en 1716, par ordre de M. le
comte de Toulouse, qui, pour ce travail, avait fait
abattre 91 chênes dans ses bois (27).

(25) Mousseaux formait autrefois une paroisse ; il a été réuni
à Damville par décret du 2 février 1808.

(26) Terrier, art. 564.

(27) Registre du greffe de Damville.

D'après la charte de 1070, il existait dès cette époque à Damville des moulins à blé : deux probablement..... Il en fut construit ou reconstruit un en 1198. En 1602, nous retrouvons deux moulins, dont un à usage de foulon. Ce dernier, situé immédiatement au-dessous du pont Barbès, sur la rive gauche du canal, avait appartenu à un nommé Barbès, qui lui avait donné son nom ainsi qu'au pont. Il est présumable que cette usine était un des anciens moulins à blé transformé, quoique les titres de la vente par Robert de Courtenay à Pierre de la Brosse semblent indiquer que ceux qui faisaient l'objet de la cession étaient compris dans l'enceinte du bourg. Dans cette hypothèse, on pourrait retrouver peut-être l'emplacement d'un de ces moulins près du pont Enguerrand, où la carte de Cassini porte le signe figuratif d'un moulin.

Il en avait existé un plus loin en remontant la rivière; car, en 1633, Jacques Patry rendait aveu au seigneur de Damville, pour un « sault de moulin » situé entre Damville et les Cherottes, « avec droit de pesche des deux côtés en montant et en descendant, tant que le dit Patry pourra jeter un marteau de fer pesant une livre (28). »

Industrie, commerce. — Outre les corps de métiers que réunissaient ordinairement toutes les localités de quelque importance, il y avait à Damville des

(28) Aveu de 1633, par Jacques Patry, « d'un droit de sault de moulin, proche le moulin *Eteur*, avec le gravier et le droit de pesche des deux côtés de la rivière, en montant et en descendant, tant que le dit Patry pourra jeter un marteau de fer pesant une livre. »
(Terrier, art. 532.)

« tisserantz en draps et linges. » Les draps pouvaient y recevoir l'apprêt du foulon au moulin Barbès, dont nous avons déjà parlé.

Il paraît avoir existé anciennement une autre industrie près de Damville, sur un coteau dont la pente descend de Mousseaux vers la rive gauche de l'Iton : on a trouvé le sol jonché de scories de forge. Il y a lieu de croire qu'on avait utilisé le cours de la rivière pour transformer en fer le minerai extrait tout près de là dans les bois des Minières.

L'industrie locale et l'agriculture des campagnes voisines alimentaient de leurs produits deux marchés qui se tenaient les mardi et vendredi de chaque semaine, et deux foires annuelles aux jours de Saint-Barnabé et de Sainte-Catherine.

Lorsque Guy Pot était seigneur de Damville, il adressa au roi Charles VIII, dont il était le premier chambellan, une supplication dans laquelle il exposait que « sa seigneurie estoit et est encore de grant et longue estendue, et y avoit au dit lieu Damville un beau chasteau et place forte avec ville close, en laquelle souloit avoir dès longtemps deux foires l'an, mais qu'à l'occasion des guerres qui longuement avoient eu cours au dit païs de Normandie, icelles foires avoient été interrompues et discontinuees, et les dites ville et chasteau brulez, démolis et abattus par les Anglois, anciens ennemis de la couronne de France, » et il concluait « pour le bien et augmentation de la seigneurie et des subjets et habitants en icelle, » en demandant « le rétablissement des deux foires, l'une le jour et feste de saincte Catherine, et l'autre le jour et feste de sainct Barnabé..... » Ce qui fut accordé par lettres en date du 1er août 1484. (*V*. App. VIII.)

VESTIGES GAULOIS ET ROMAINS. — Sur la rive gauche de l'Iton, à mi-chemin environ de Damville aux Chérottes (29), il existait un monument druidique nommé Pierrelée : c'était un poudding siliceux, plat, ayant environ 2 mètres 50 centimètres dans sa plus grande dimension, et reposant sur trois autres de moindre volume. Les pierres de ce dolmen furent enlevées, en 1832, pour servir à l'établissement d'une chaussée accédant au nouveau pont de Mousseaux : travail utile qui eut le singulier mérite de ne rien coûter à la commune. Des fouilles pratiquées à la place qu'avait occupée ce monument ne firent découvrir qu'une espèce de puits vide.

En 1835, aux Chérottes, on trouva au milieu d'une masse de débris de maçonnerie une grande quantité de tuiles romaines, quatre médailles en bronze de même origine, des poteries brisées, et divers autres fragments indiquant qu'il y avait eu là un établissement romain. Quelques années auparavant, on avait découvert au même endroit trois squelettes réunis dans une tombe carrée construite en moellon. Des fouilles habilement dirigées par M. Abrouty ont montré le sol semé de fragments de tuiles romaines, le long du chemin conduisant des Chérottes à Damville.

(29) Le hameau des Chérottes dépendait de Damville autrefois comme aujourd'hui.

Il est deux faits dont nous devons, avant de terminer, consigner ici le souvenir :

Vers la fin de 1589, les habitants de Damville se virent tout à coup assaillis par une multitude, non de barbares ni d'Anglais, mais de bourgeois d'Evreux, leurs voisins. Subissant l'influence de l'agitation religieuse qui troublait le pays, et cédant aux excitations de son fougueux prélat, Claude de Saintes, la ville épiscopale avait adhéré à la Ligue armée contre Henri IV. Ses habitants, sentant le besoin de faire partager leurs convictions, et peut-être aussi le danger qui les menaçait, essayaient, faute de temps sans doute, de faire du prosélytisme par la violence et le canon. « Tous s'assemblèrent en corps, dit le Brasseur (30); ils attroupèrent et réunirent un grand nombre de paysans de leur voisinage, et allèrent assiéger Damville, afin d'obliger les habitants à signer avec eux un traité d'union. La crainte qu'ils eurent du pillage de leurs maisons les fit obéir et contribuer à la dépense que les bourgeois avaient faite pour conduire deux pièces de canon, et pour la subsistance et les équipages de leurs gens de guerre. »

Les bourgeois de Damville furent peut-être un peu prompts à subir la loi du plus fort; mais ceux d'Evreux semblent avoir voulu, quelques semaines après, les consoler de leur capitulation, en ouvrant leurs portes sans coup férir au maréchal de Biron, lieutenant du roi.

Après une pareille violence, les habitants de Damville devaient être peu disposés à crier : « *Vive la Ligue!* » Ils trouvèrent bientôt l'occasion de proférer

(30) *Hist. du comté d'Evreux*, p. 359.

un autre cri ; car, le 2 février 1590, Henri IV était au
milieu d'eux. Le passage du Béarnais est attesté par
un compte d'administration de succession, où nous
lisons : « Le jour de la Chandeleur, 1590, le roi étant
à Damville et allant à Ivry, les Gascons se logèrent
au manoir seigneurial du Jarrier (31), tandis que Nicolas de Baignart, qui tenait pour la Ligue, était à
Dreux. »

Au milieu des mouvements rapides par lesquels le
grand capitaine semblait multiplier ses troupes, on
ne doit pas s'étonner que son passage par une simple
bourgade ait échappé à l'histoire. Mais le fait est
mentionné, dans le document que nous citons, d'une
manière trop précise pour pouvoir être révoqué en
doute aujourd'hui, quand il a été reconnu dans le
temps par celui qui avait intérêt à le contester. En
effet, si Henri IV n'était pas passé par Damville, les
Gascons n'aurait pas davantage commis les dégâts
portés en dépense dans le compte. Le compte, d'ailleurs, a quelque chose d'authentique, puisqu'il a été
rendu et reçu en justice, à Damville, le 6 avril 1602,
à une époque où tout le pays pouvait encore le cer-
tifier ou le démentir.

De l'extrait très-détaillé de ce compte donné par
l'historien de la *Maison de Chambray*, il résulte que,
dans le cours de la seule année 1590, le manoir du
Jarrier fut pillé six fois : trois fois par les Royalistes
et autant par les Ligueurs. La dernière, il souffrit
double dommage : les Ligueurs, après cinq jours de
pillage, furent attaqués et pris par une compagnie
d'arquebusiers venue d'Evreux , qui, à son tour, fit

(31) *Hist. de la maison de Chambray.*

grand dégât. On peut juger par là de ce qu'étaient la discipline des troupes et la sécurité des campagnes à cette époque.

Un fait d'une autre nature causa dans le temps une profonde sensation à Damville. C'était en 1691 : un enfant de dix ans, fils d'un sieur Robert Vallée, ayant failli être écrasé par un cheval échappé appartenant au bailli, en éprouva une telle frayeur qu'il tomba épileptique et complétement paralysé des deux jambes. Le pauvre enfant ne pouvait plus seul changer de place qu'en se traînant péniblement sur les genoux. Après l'avoir inutilement soumis à tous les traitements possibles, les médecins l'abandonnèrent comme incurable, réduits à voir un bienfait dans la fin d'une si pénible existence.

Le malheureux père, ayant trouvé la science humaine impuissante, tourna ses regards vers le ciel, et mit son espoir en celui qui ayant donné la vie à l'homme peut la lui conserver. Il fit faire au tombeau de saint Taurin une neuvaine de prières qui se termina par une messe à laquelle il assista. Le soir, à son retour, quel ne fut pas son étonnement, sa joie, de voir son fils venir au-devant de lui, marchant sans aucun aide et parfaitement guéri. Il apprit alors que la guérison s'était manifestée précisément à l'heure où l'on célébrait la messe de la neuvaine dans l'église Saint-Taurin. L'enfant, tout joyeux, était immédiatement allé se promener dans le bourg aux yeux de la population étonnée. Le jeune Vallée fut reçu depuis [1708] avocat au bailliage de Breteuil.

Tel est le fait établi de la manière la plus positive

par de nombreuses attestations (32). On aurait pu
l'expliquer par un effet d'imagination ou par un ca-
price du hasard : « Dieu de ceux qui n'en ont pas... »
Les personnes intéressées dans l'événement aimèrent
mieux y voir un bienfait surnaturel et s'en montrer
publiquement reconnaissantes.

Nous sommes enfin arrivé au terme de l'excursion
que nous avions entreprise à travers les temps
passés. Après l'abolition de la féodalité, ce régime
dont on a exagéré le bien et le mal, Damville, jeté
avec toute la France dans le creuset révolutionnaire,
en est ressorti avec l'empreinte commune ; et, vivant
de la vie nouvelle, s'est avancé lentement vers cette
ère de progrès où nous sommes heureux de le voir
engagé aujourd'hui.

Nous avons péniblement tracé la voie : nous souhai-
tons qu'un autre ami du sol natal, complétant nos
recherches, en fasse une étude moins indigne du
pays qui en est l'objet.

(32) Lebrasseur, Preuves de l'*Hist. du comté d'Evreux*, p. 194.

APPENDICE

APPENDICE

—

I

Charte de Guillaume le Conquérant en faveur de l'abbaye du Bec

S. D. V. 1070

In nomine Patris et Filii et Spiritus Sancti, Amen.

Beccensi cœnobio Sanctæ Dei Genetricis Mariæ dederunt vel vendiderunt subscripti.....

Hæc omnia quæ Willelmus Crispinus major dedit, vel homines ejus, cœnobio Becci concessit Guillelmus filius ejus, et ea quæ sui homines suo tempore dederunt: Gislebertus Crispinus ecclesiam, decimam, moltam de Tilio : ecclesiam S. Hilarii de Tegulariis, cum decima omnium reddituum ipsius villæ..... Ecclesiam de Donvilla ; decimam omnium reddituum ipsius villæ; terram dimidiæ carrucæ; decimam molendinorum; furnos ejusdem villæ; terram Rainaldi Gotlevrat.....

Rodulfus de Cunella et filius ejus aliquantulum terræ in Tegulariis et circa Danvillam circa dimidiam carrucam, ejusdem concessu.....

S. Guillelmi † regis Anglorum. S. Matildis reginæ S. Rotberti comitis † filii eorum. S. Guillelmi † filii eorum. † S. Lanfranci Cant. archiepiscopi. S. Odonis Bajocensis episcopi † et comitis. S. Rogerii de Bellomonte. † S. Guillelmi † Crispini. S. Melonis † Crispini. S. Guillelmi comitis Ebroicensis † S. Ricardi filii Gisleberti comitis. †

Testes confirmationis regis et Roberti filii ejus in Londonia : Lanfrancus archiepiscopus Cantuariensis ; Odo Bajocensis episcopus ; Gualchelinus de Winton ; Osbernus de Eleostra; Guido de Pont...; Guillelmus de Britolio; Guillelmus de Tornebu ; Gaulterus Croc et multi alii.

(Bibl. Imp., Mss. 1070, fº 204 et 202 ; Chartes du Bec.)

II

Charte de Simon de Grandvilliers en faveur de l'abbaye de Lyre

S. D. AV. 1170

Omnibus Sancte matris ecclesie fidelibus, tam presentibus quam futuris, Simon de Granvillario, salutem. Notum sit vobis omnibus quod ego, presente et concedente Simone filio meo, dedi, in perpetuam elemosinam, Deo et Beate Marie de Lira et monachis ibidem Deo servientibus, ecclesiam de Rooman, liberam et quietam, cum decimis et pertinentiis suis et presentatione presbiteri, ita ut meus presbiter tantum eidem ecclesie deserviat. Hoc donum feci ecclesie Lirensi, presente et annuente domino Rotrodo, archiespiscopo Rothomagensi, presentibus etiam Rogerio archidiacono, et decanis Ricardo de Damvilla et Gaufrido de Blanze. Testibus, Juello presbitero; Renaldo presbitero; Gilberto de Altenayo; Gisleberto capellano de Boissi; Gerardo de Runcenci; Morecherio de Illeis; Rogerio de Chantelou; Racherio de Sauguse; Gadone le Sesne; Ingenulto de Rooman; Anschitillo clerico; Willelmo Anglico; Rogerio Fiscannensi; Rogerio filio Rogerii de Chantelou et aliis multis.

(Hist. de la maison de Chambray, p. 946, d'après l'original.)

III

Charte par laquelle Robert de Courtenay, évêque d'Orléans, vend la seigneurie de Damville à Pierre de la Broce

AN 1274

Robertus, miseratione divina Aurelianensis episcopus, et dominus Nonancurie, dilectis et fidelibus suis Guillelmo de Essartis, Petro Bataille, domino de Gouville, domino Francino, Nicolao Polart, domino de Cornu, Guillemo dicto Monacho, militibus, Simoni Soigillart, Johanni Passemer et domino de Nugiers, militi, et aliis fidelibus suis in dis-

trictu et dominio de Danville constitutis, ad quos presentes
littere pervenerint, salutem et dilectionem. Cum nos dilecto
et fideli nostro Petro de Brocia, domino Langesii, cambel-
lano excellentissimi domini nostri Philippi, Dei gratia, regis
Francorum illustris, dimisimus et quittavimus perpetuo
Danvillam, sitam in diocesi Ebroicensi, cum universis
feodis, retrofeodis, homagiis et pedagiis, molendinis, etc.,
tenendum immediate de predicto domino nostro rege Francorum ab ipso Petro de Brocia, et heredibus seu successoribus suis, sicut antea tenebamus, mandamus vobis et requi-
rimus vos quatinus eidem Petro tanquam domino vestro
pareatis, etc. In cujus rei testimonium, presentes litteras
sigillis nostris, episcopatus videlicet et baronie nostre, fecimus sigillari. Datum Senonis, anno Domini millesimo ducentesimo septuagesimo quarto, die lune ante Brandones.

(DUBOUCHET, Hist. de la maison de Courtenay ; *Preuves*,
p. 42; — Cart. norm., n⁰ 846.)

IV

Charte par laquelle Philippe le Bel donne la terre de Damville à Mathieu IV de Montmorency

AN 1285

Philippus, Dei gratia, Francorum rex. Notum facimus
universis, tam presentibus quam futuris, quod nos, atten-
dentes grata obsequia dilecti et fidelis nostri Mathei, domini
Montis Morenciaci, cambellani Francie, nobis et carissimo
domino genitori nostro inclitæ memoriæ Philippo, quondam
regi Francorum, impensa, intellectoque fidedignorum re-
latu, quod idem dominus et genitor noster dum adhuc viveret
proponebat ei sicut regiam manificentiam deceret pro suo
servicio, recompensatione congrua respondere, propositum
dicti genitoris nostri implere volentes, ipsi Mathæo et suis
heredibus et successoribus dedimus et concessimus in perpetuum quingentas libras turonenses annui redditus tenendas
in feodum a nobis et nostris successoribus habendas, eique

assignamus Damvillam, quæ fuit quondam Petri de Brocia,
cum focagio, spatæ placito et pertinentiis aliis ac appendi-
ciis universis. Statuentes quod fiat appreciatio per gentes
nostras eorum omnium secundum usum patriæ quo sita
sunt et quod... quod sibi de dicta summa quingentarum
librarum redditus defuerit suppleatur ubi prope commode
fieri poterit, domo Damvillæ quæ fuit dicti Petri in appre-
ciatione hujus minime computata. Idem vero Mathæus pro
his ligium hommagium nobis fecit. Quod ut ratum et stabile
perseveret, presentibus litteris apponi fecimus sigillum
nostrum quo ante suscepta regni gubernacula utebamur,
cum aliud nondum haberemus. Actum Narbonæ, anno
Domini m cc lxxxv, mense octobri.

(A. Duchesne, Hist. de la maison de Montmorency;
Preuves, p. 127.)

V

Charte de Philippe le Bel contenant la désignation des différents biens
cédés à Mathieu de Montmorency, à Damville

FEVRIER 1292

Philippus, Dei gratia, Francorum rex. Notum facimus
universis tam presentibus quam futuris quod nos, pro quingentis libratis turonensibus, in quibus dilecto et fideli nostro Matheo, domino Montis Morenciaci, Francie cambel-
lano, ex concessione nostra, ratione sui facti servitii pro-
genitori nostro ac nobis impensi, tenebamur, villam de Danvilla cum suis pertinentiis, precio ducentarum quadraginta
et unius librarum quatuor solidorum et octo denariorum
turonensium concessimus. Item, apud Tillerias, preposi-
turam, vineam et molendinum fullatorium ejusdem ville et
terras vocatas Caudas de Blanchard; firmam Meterie; terras de
Charneliis et Perticam Suspensam; census de Burolio; septem anseres super terras Luce de Bosco Renauldi sitas in
clauso de Haiis Tilleriarum; viginti solidos et sex denarios cum uno capone super terram herbergamenti dicti
Muelle ibidem sitam; sexaginta septem solidos et quatuor

denarios cum tribus caponibus, decem et octo denarios
super terras Martini de Bellande ibidem sitas; sexaginta
sex solidos et sex denarios cum uno capone super terras
Garini de Courgeon ibidem sitas; decem solidos et tres denarios cum dimidio capone; homagium et custodiam feodi
de Essartis cum feodo et manerio; focagium parrochia-
rum et villarum de Tilleriis, de Essartis, de Ronccnayo, de
Campo Dominelli, de Villaribus, de Gouvilla, de Losmis,
de Blandeio, de Authenaio, de Romano, de Charnellis, de
Burolio, de Cantulupi, et omne jus et dominium que habemus in omnibus boscis sive nemoribus, in parrochiis
antedictis existentibus, videlicet donavimus licentiam ven-
dendi dictos boscos et tercium et dangerium percipiendi
quando accidet in eisdem pro precio ducentarum quinqua-
ginta et octo librarum et quindecim solidorum et quatuor
denariorum turonensium, quos assidemus et assignamus
prefato Matheo pro se suisque heredibus et successoribus et
causam habituris ab eo in hereditate perpetua possidendam;
hoc adjecto quod idem dominus de Monte Morenciaco suique heredes et successores predicti, de Tilleriis tenentes,
domino de Nutilet, senescallo de Tilleriis suisque heredibus
et successoribus, domino de Curtelleriis, sexaginta duos solidos et sex denarios turonenses pro roba, solvere tenebun-
tur, singulis annis in perpetuum terminis assuetis. Volentes et concedentes, in augmentatione, quod idem Matheus
suique heredes et successores et causam habituri ab eo do-
mum seu manerium de Danvilla, altamque justiciam et
bassam, placitumque teneant spate cum omnibus aliis ca-
sibus de consuetudine Normannie que per generalem dona-
tionem a jure regio nequeunt separari, nisi specialiter ex-
primatur; quos casus, quo ad hec, haberi volumus pro
expressos, cum omni etiam jure quod habemus in omnibus
supradictis, absque ulla emendatione precii, cum predictis
quingentis libris turonensibus superius notatis habeant, pos-
sideant, predictaque omnia per unum feodum lorice et pro
uno homagio a nobis et successoribus nostris regibus Francie teneant in futurum, faciendo nobis, ad custodiam castri
nostri de Britolio, tantummodo, dum opus fuerit, servitium
unius militis per quadraginta dies cum suis propriis sump-
tibus et expensis; retentis nobis homagio domini de Tilleriis

6

cum suo castro ibidem sito et alta justicia omnium feo-
dorum ejusdem domini de Tilleriis ubicumque existant,
de quibus est in homagio nostro; excepta alta justicia et
placito spate ville et parrochie de Tilleriis; quamquidem
justiciam idem dominus de Monte Morenciaco suique heredes et successores predicti habebunt et ·exercebunt sicut
superius est expressum extra castrum de Tilleriis predic-
tum, videlicet castrum in quo dominus de Tilleriis morari
hactenus consuevit; salvoque nobis in predictis omnibus
homagio, predicto salvo etiam jure in omnibus alieno. Que
ut firma et stabatilia permaneant presentes litteras sigillo
nostro facimus communiri. Actum Parisiis, anno Domini
millesimo ducentesimo nonagesimo secundo, mense fe-
bruario.

(D'après un Vidimus de 1527; Arch. de l'Eure.)

VI

Sentence de l'évêque d'Evreux pour le partage des dîmes entre l'abbé du Bec et le curé de Damville

27 SEPTEMBRE 1337

Universis presentes litteras inspecturis, Gaufridus, permissione divina Ebroicensis episcopus, salutem in Domino
sempiternam. Notum facimus quod cum inter viros religio-
sos et honestos abbatem et conventum monasterii Beate
Marie de Becco Helluini, ordinis Sancti Benedicti, Rothomagensis dyocesis, suo et dicti monasterii sui nomine, ex una
parte, et virum discretum Bertaudum de Altaribus, rectorem
ecclesie parrochialis de Danvilla, nostre dyocesis, suo et
dicte ecclesie sue nomine, ex altera, super et de perceptione
decimarum nemorum infra mettas parrochie dicte ecclesie
crescentium, controversia verteretur, pro eo quod dicti religiosi sibi de dictis decimis duas partes et dictus rector e
contra sibi omnes illas decimas pertinere dicebant, nomi-
nibus quibus supra; tandem, pro bono pacis, predicti religiosi per suas patentes litteras sigillis dictorum Abbatis et

conventus sigillatas nobis exibitas, quarum tenor sequitur in hunc modum :

Universis presentes litteras inspecturis, Johannes, permissione divina humilis Abbas monasterii Beate Marie de Becco Helluini, ordinis Sancti Benedicti, Rothomagensis dyocesis, et ejusdem loci conventus, salutem in Domino. Notum facimus quod nobis placet et volumus ut reverendus pater ac dominus noster, dominus G., Dei gratia Ebroicensis episcopus, disponat et ordinet super questione, seu controversia mota seu que movi speratur inter nos nostro et manerii nostri nomine, ex una parte, et Bertaudum, curatum ecclesie de Danvilla, cujus jus patronatus ad nos spectat, ratione decimarum nemorum excrescentium infra mettas dicte ecclesie, ex altera, retentis tamen penes nos duabus partibus decimarum quarumlibet ac proventuum cujuscumque conditionis existant, de parco nobilis viri Karoli de Monte Morenciaco, militis, prout dicto Domino episcopo videbitur expedire. Promittentes bona fide, nomine quo supra, ratum et gratum habere in futurum quidquid per dictum reverendum patrem supra dictis questione et controversia dispositum extiterit, aut etiam ordinatum. In cujus rei testimonium presentibus litteris sigilla nostra duximus apponenda. Datum anno Domini millesimo ccc° xxxvii°, die jovis post festum Sancti Mathei apostoli et evangeliste

Et dictus rector ob hoc coram nobis personaliter constitutus concorditer voluerint quod nos supra questione et controversia hujus modi decimarum motis seu movendis inter eos disponeremus et ordinaremus, prout nobis expediens videretur; et quia, per relacionem venerabilium et discretorum virorum magistrorum Symonis Baudri capicerii et canonici Lexoviensis, ipsorum religiosorum consiliarii et Guillelmi Ronaut, canonici Rodonensis, consocii nostri, per nos, de consensu et expressa voluntate parcium predictarum, commissos ad videndum et nobis fideliter afferendum deposiciones testium supra dicta controversia ab utraque parte dictarum parcium productorum, et alias fuimus vel sumus super premissis sufficienter et legitime informati, ordinamus et decernimus, et tenore presencium declaramus, quod dicte decime de quibus erat et fuerat questio seu controversia inter partes easdem, ad rectorem pertinent supradictum, salvo tamen quod dicti religiosi jus quod habent in grossis decimis habent et habere debent, scilicet, in quibusdam nemoribus, in quibus crescunt castanee et in nemoribus, si que fortitan sata fuerint aut plantata, in terris in quibuş prefatti religiosi infra dictam parrochiam duas perpercipiunt decimarum earum, tertia parte, predictisque aliis nemorum decimis rectori predicto et ejus successoribus in dicta ecclesia libere remanentibus in futurum. Nos igitur utriusque partis quietti imposterum providere volentes, ne premissa per nos ut permittitur declarata a quolibet parcium sive successorum eorum possit occasione qualibet infirmari, ea pontificali auctoritate et sigilli nostri munimine confirmamus. Actum in nostro manerio de Condeto, xxvijᵃ die septembris, anno Domini millesimo cccᵒ tricesimo septimo.

(Fragm. du Cart. de Tillières, communiq. par M. d'Erard.)

VII

Aveu au Roi de la terre et seigneurie de Damville, par Jean de Montmorency

31 MARS 1454

Du Roy nostre sire, je, Jehan, seigneur de Montmorency et de Damville, chevalier, chambellan dudit seigneur, tieng et advoue à tenir nuement et sans moyen d'icelui seigneur, à cause de son chastel et chastellenie de Berthueil, ma dite terre et seigneurie de Damville, avecques toutes ses appartenances et deppendances, tant en chief que en membres, fiefz et arrière fiefz; auquel lieu de Damville, qui est le chief de cette seigneurie, je souloye avoir une ville close et faulx bourgs, tour assise sur mocte, pavillon, maisons et fossez; lesquelles choses ont esté demolyes et destruictes à l'occasion de la guerre des Anglois, anciens ennemys du royaume.

Item rivière, place d'estang en garenne, garenne ancienne nommée la garenne de Damville, tant audit lieu que à Bouoysset, coulombiers, bois, terres labourables, bois en domaine, préz, pastiz et terres non labourables, prévosté, travers et acquicts, rentes en deniers, oyseaulx, grains, es- pices et autres choses en pluseurs lieux à pluseurs festes et termes de l'an ; et y ay rivieres en garenne, trois moulins à eaue assiz, l'un à Damville, l'autre à Chéronnel et le tiers à Coullonges, tous sur la riviere d'Iton ; desquelz moulins sont banniers, premierement, de celuy de Damville, les ma- nans et habitans dudit lieu de Damville, et les manans et habitans des villes et hameaulx de Repentigny et du Cor- mier, pour fief de Crenne ; et du moulin de Coullonges, sont banniers les manans et habitans dudit lieu de Coullonges en partie, et les manans et habitans des Murgers et de la Mille- recte ; et du dit moulin de Chéronnel, sont banniers les ha- bitans de Gouville en partie, les habitans de Lymeux et des Champs en la parroisse de Saint Denis du Buhelenc et les habitans des hameaux des Houlles, en la parroisse des Es- sars.

Item ay en ladite terre un manoir, nommé le manoir des Murgers, jardins, droit de coulombier, terres labourables et non labourables, bois, et tout ce que à icellui manoir appar- tient.

Item ung autre manoir nommé le manoir de Jeucourt, jardins, coulombier, terres labourables et non labourables, bois, pastiz et tout ce que à icellui manoir appartient.

Item ung autre manoir, ou place de manoir, à Gouville, jardins, droit de coulombier, terres labourables et non la- bourables, bois et tout ce que au dit manoir appartient.

Item j'ay à Tillières trois moulins à eaue sur la rivière d'Avre, c'est assavoir, deux moulins à blé et ung moulin à draps ; lesquieulx deux moulins à blé sont de present en nulle valeur ; desquieulx moulins, tant à blé que à draps, estoient et sont banniers tous les hommes du seigneur de Tillières, et, d'iceulx trois moulins, j'ay les deux pars des revenues et esmolumens et le dit seigneur de Tillières le tiers, par paiant le tiers des édifices, charges et repara- cions.

Item j'ay et a moy appartient la prevosté et travers du dit lieu de Tillières et le pressouer à ban, avecques toutes les appartenances et appendances quelconques ; de la dicte prevosté, travers, pressouer et appartenances, j'ay les deux

pars de revenues et emolumens et le dit seigneur de Tillières
le tiers, par paiant le tiers des charges, édifices et répara-
cions.

Item j'ay en la dite terre de Damville le patronnaige ou
droit de présenter à trois esglises parrochiaux, touteffoiz
qu'elles escheent en presentacion, c'est assavoir, à l'esglise
Saint Pierre de Charnelles, à l'esglise Saint Jehan de Gouville, à l'esglise Saint Aignan de Blandé.

Et s'estent ma dite terre de Damville es parroisses de
Damville, Tillières, Brueil, Losmes, Charnelles, la Gé-
roulde, Gouville, Blandé, Romen, Auctenay, le Chesne, les
Essars, Chantelou, le Roncenay, Coulonges, Villiers, Champ-
Dominel, et aussi en partie ès parroisses de Mantelon, le
Nuyesement, le Buhelenc, Bourg, Francheville, Actées, Man-
dres et Dempnemarie et ès travers d'environ.

Item de ma dite terre de Damville, Gilles de Lonbelon,
escuier, seigneur des Essars, tient de moy nuement et sans
moyen, son fief des Essars, avecques toutes les appartenances et appendences quelzconques, dont le chief est assis
en la parroisse des Essars; et m'a baillé par son adveu que
icellui fief des Essars, tant en chief que en menbres, s'estent ès parroisses des Essars, du Chesne, de Saint Denis du
Buhelenc, de Nuyesement, de Mantelon, de Champ Domynel,
de Coulonges, d'Autenay, de Chantelou, de Gouville, de
Tillières, de Losmes, du Breuil, de Dempnemarie, de la
Géroulde, de Francheville, de Bourg, de Mandres et de Saint
Nicholas d'Athez; et dit, par son dit adveu, avoir en icellui
deux moulins, l'un nommé le moulin de Février, assis en la
parroisse de Mantelon, l'autre assis en la parroisse de la Géroulde ou hamel de la Poterie; et si dit avoir une place ou
sault de moulin qui est de present à non valloir, assis à
Chamberé.

Item a cause du dit fief des Essars, le patronnage ou droit
de présenter à la chapelle et maladerie nommée Saint Anthoine des Essars.

Item dit le dit de Lonbellon, par son dit adveu, de lui
estre tenu, à cause de son dit fief des Essars, ung fief de
haubert entier, nommé le fief de Guerjé Ernaut, a court et
usage en basse justice, que possède de present Guion de
Coudumiel, escuier, et dont le chief d'iceluy est assis en la

parroisse de Champ Domynel ; et s'estent icellui fief en la dite parroisse de Champ Domynel et en celle de Coulonges. Et aussi appert que icellui de Coudumel en tient le fief de Bourneville avecques toutes ses appartenances, assis en la viconté d'Orbec. Sur quoy, et dès le temps de monseigneur mon père, que Dieu absoulle, ou par avant la descente des Angloiz qui fut d'avant la journée de Agincourt, estoit meu procès ès assises de Damville entre monseigner mon père, seigneur du dit lieu et son procureur, d'une part, et le dit seigneur des Essars, d'autre, sur ce que mon dit seigneur mon père et son dit procureur disoient et soustenoient que le dit fief et appartenances du Guerié, qui est ung fief entier, estoit tenu de luy separement et à part, et que à luy en estoit deu l'ommage et relief et autres devoirs coustumiers separement et a part, sans ce qu'il s'acquite, ne ne doye acquiter par l'ommage, relief et devoirs du dit fief des Essars, et le dit seigneur des Essars disoit le contraire.

Item met en son dit adueu que Colin Bardoul tient, du dit fief des Essars, ung fief de haubert entier, appellé le fief du Chesne, dont le chief est assis en la parroisse du Chesne, et s'estend icellui fief en ladite parroisse du Chesne et en la paroisse Saint Denis du Buhelenc ; et que du dit fief du Chesne, Jehan de Broulart, escuier, tient ung quart de fief nommé le Broulart, et Jehan Marye, escuier, ung autre quart nommé Houcemaigne ; sur quoy estoit semblable procès ès dites assises de Danville, comme du fief de Gueryé, entre mon dit feu seigneur mon père ou son procureur, d'une part, et le dit seigneur des Essars, d'autre, comme dessus est dit.

Item met au dit adueu, que par le moyen de messire Jehan de Chamberé, chevalier, seigneur de Chambré, en est tenu ung fief entier nommé Chantelou, parti en quatre parties, dont les héritiers Jehan de Melicourt, escuier, sont ainsnez en partage, et en tiennent ung quart ; les heritiers feu Pierre de Chamberé, ung quart ; les heritiers Jehan de Long Perier ung quart ; les hoirs Jehan de Chantelou dit de Vaulx, ung quart.

Item met, que par le moyen messire Jehan de Harranvillier, chevalier, seigneur de la Ferté Fresnel, est tenu de luy ung fief de haubert entier, nommé le fief de Chamberay, assis en la parroisse de Gouville, et en est la court de Chamberay, le lieu ou siet coulonbier, la grange, la salle, la chappelle, les estables, le moulin des Planches, les prez, la rivière, les terres labourables et les bois qui sont oultre le chemin par ou l'on vient de Vernueil à Chamberay. Et avecques ce en sont les villages de Chamberay et du Perron, avecques les rentes et revenues que le dit seigneur de Chamberay prent en iceulx villages.

Item met en son dit adveu que de luy est tenu ung fief de haubert nommé le fief de Maubuisson, dont les hoirs de Gaillarbos ont adeprésent le droit; Jehan le Sauvage, escuier, a cause de sa femme, en tient les trois pars en sa main, et les hoirs d'Ivon Boismillon, escuier, en tiennent ung quart.

Item met que les hoirs feu Jehan de Vaulx, escuier, tiennent ung tiers de fief, nommé Vaulx, assis en la parroisse d'Authenay et ycelle environ.

Item met en son dit adveu que Jehan de Pomereul, escuier, ou ses hoirs, tiennent de lui ung huitième de fief nommé la Cohardière, assis en la parroisse de Tillières, et se relève par XVII sous IX deniers tournois.

Et ne puis de present les fiefs dessus dits bailler plus plainement ne autre desclaration faire, pour cause de procès qui estoit dès lors de mon dit seigneur mon père ou son procureur comme dessus est dit ; et lequel procès je proteste le povoir reprandre et remectre en mes assises du dit lieu de Damville, comme il estoit ou temps et ou par avant comme dessus est dit; et la cause pour quoy je n'ay peu reprandre ne renouveller le dit procès, si est obstant ce que mon dit pavillon du dit lieu de Damville, là ou estoient mes tiltres et enseignemens, touchant ma dite terre de Damville, fut pris et le feu tellement dedans bouté qu'il n'y demeura que les parois, comme assez de present peut apparoir.

Item dit le dit Gilles de Lonbellon, par son dit adveu, que a cause de son dit fief des Essars, sont tenans plusieurs personnes des vavassories et tenemens cy après nommez :

Et premierement, les hoirs Gracian de Broulart, escuier, tiennent une vavassorie, nommée la Postière, assise en la parroisse de la Guéroude, et se relève par VII livres X solz tournois de plain relief.

Item les hoirs Mahieu Rossignol tiennent la vavassorerie du Brueil, en la parroisse Saint Nicholas d'Athée, et se relève par VII livres X sous tournois de plain relief.

Les hoirs Estienne Roullart tiennent la vavassorie de la Roullardière, en la parroisse de Francheville, et se reliefve par VII livres X sous tournois de plain relief.

Les hoirs Michault Pasquier tiennent une vavassorie, que l'en dit la Vavassorie des Chastelliers, en la parroisse de Bourc, et se reliefve par VII livres X sous tournois de plain relief.

Les hoirs Chaveret Faiel, a cause de sa femme, en tiennent une vavassorie ou ayneesse, nommée la Lande, assise en la parroisse de Mendres, et se dient relever par plain relief, par ungs esperons blans pour tout droit; procès est entre les dits hoirs et le dit seigneur des Essars.

Les hoirs Guillaume Ernault dit Boiserons en tiennent la vavassorie ou ayneesse de la Choutière, et se reliefve par VII livres X sous tournois de plain relief.

Les hoirs Jehan de la Boulaye, escuier, en tiennent la vavassorie ou ayneesse de la Troudière, assise en la parroisse du Brueil, et se reliefve par VII livres X sous tournois de plain relief.

Les hoirs Jehan Cardonnel en tiennent la vavassorie de Losmes, assise en la parroisse de Losmes, et le reliefve par VII livres X sous tournois de plain relief.

Les hoirs Robert des Fossés, escuier, en tiennent l'ayneesse de Lesivel, en la parroisse de Losmes, et se reliefve par XXXVII sous VI deniers tournois de plain relief.

Les hoirs de la Muisengière, pour l'aynesse de Muisengière, assise en la parroisse de Mantellon, et se reliefve par XXXVII sous VI deniers tournois de plain relief.

Jehan de la Nouc en tient une ayneesse, assise au Bois Bellot, en la parroisse de Losmes, et se reliefve par acres, selon la coustume du pays.

Les hoirs Tiffiert tiennent une vavassorie, nommée Rondel, et se reliefve par acres.

Jehan du Moncel tient une vavassorie, nommée Long Perier, et se reliefve par acres.

Nicolas Creste en tient une vavassorie, nommée Boisclairay, assise à la Pouctière.

Les hoirs Jehan de Heudreville, escuier, tiennent une va-vassorie ou ayneesse, qui fut Raoul le Duc, assise en la par-roisse de la Guéroulde.

Les hoirs Guillaume Héruppe, escuier, tiennent ung quart de fief, nommé Lisivel, en la parroisse de Losmes, et se re-liefve par LXXV sous de plain relief.

Iceulx hoirs de la Héruppe en tiennent un autre fief, nommé le fief d'Ardenne, en la parroisse de Losmes.

Et met icelui seigneur des Essars, en son dit adveu, que son dit fief des Essars souloit valoir avant ces guerres VIII^{xx} livres tournois de rente ou environ, et de présent met que son dict fief ne vault que de LX à IIII^{xx} livres; et sur ce, je soustiens et vueil maintenir que le dit fief, dont procès estoit meu entre mon dit feu seigneur et père ou son procu-reur, d'une part, et le dit seigneur des Essars, d'autre, sont separeement et diviseement et nuement et sant moyen tenuz de moy, et que l'ommage, reliefs et autres devoirs coustu-miers m'en sont deuz de chacun a par soy, quoi que le dit seigneur des Essars die ou veuille dire le contraire; et ainsi sommes en pareil debat moy ou mon procureur, d'une part, et le dit seigneur des Essars qui à présent est, d'autre, comme estoient mon dit seigneur mon père ou son pro-cureur et le père du dit seigneur des Essarts.

Item ma dame Jehanne la Baveuse, dame d'O et de Mail-lebois, tient de moy, par foy et par hommage, aux uz et aux coustumes du pais, a cause de ma terre et haulte justice du dit Damville, ung fief de haubert entier, nommé le fief de Chaaigne, dont le chief est assis en la parroisse de Romen, et s'estent en icelle parroisse de Romen et ès parroisses de Granvillez, Gouville, Blandé et le Ronsenay et illecques en-viron; ou quel fief a court et usage, noblesse en basse jus-tice, et vault communes années XX livres de rente ou en-viron.

Et met la dite dame, en son adveu, que du dict fief de Chaaigne souloit estre tenu par foy et par hommage ung VIIIeme de fief, nommé Arnoullet, que souloit tenir ja pieça messire Guy de Ber de Berlectes, chevalier; et lequel huic-tiesme de fief a esté remis en son domaine par puissance de fief, comme elle dit.

Et de la dite dame messire Jehan de Chamberay, chevalier, seigneur du dit lieu de Chamberay, en tient la haulte mocte, non herbergé, estant à Chamberay, la basse motte et le manoir ou siet la chappelle, le hault bois et toutes les appartenences ad ce, comme elle dit.

Et du dit lieu ou mocte de Chamberay, Pierre de Chamberay, escuier, souloit tenir ung quart de fief. Le dit seigneur de Chamberay l'a de nouvel acquis des hoirs du dit Pierre de Chamberay, et est de présent en son demaine, et dit le dit seigneur de Chamberay tenir ce que dit est par hommage du dit seigneur de la Ferté Fresnel, par le nombre d'un demy fief de haubert, aux uz et aux coustumes du pais.

Item est tenu du dit fief de Chaaigne, par hommage, ung VIIIeme de fief à court et usage, nommé le fief du Roncenay, que tient de présent Collinet le Plaisse, escuier, aux uz et coustumes du pais; et s'estend en la parroisse du Roncenay.

Item Guillaume de Bellegarde, escuier, tient de moy, par par foy et par hommage, à cause de ma dite terre et seigneurie de Danville, a cause de sa femme, fille de feu Rogier de Haranvillier, escuier, ung demy fief, nommé la Puisecte, assis en la parroisse de Romen, ou quel il a court et usage et toute noblesse en basse justice.

Et de luy tient Richard Boulent ung quart de fief, nommé la Lande, assis en la parroisse de Romen, auquel il a court et usage.

Jehan Aubert en tient ung autre quart de fief, nommé Montmoraing, assis en la paroisse de Romen, ouquel il n'a ne court ne usage.

Et duquel fief de la Puisecte, Perrette Luce, vesve de feu messire Pierre de Chamberay, chevalier en son vivant, tient dudit de Bellegarde ung VIIIeme de fief en vavassorie, assis ou dit fief de la Puisete, en la dite parroisse de Romen; duquel quart de fief en vavassorie, la dite Perrette Luce est tenue faire et paier au dit de Bellegarde vingt gans de rente par chacun an, et v sous tournois pour plain relief, quant le cas s'offre.

Item Jean Pevrel, escuier, tient de moy en ma dite terre et haulte justice de Danville, ung quart de fief, nommé le Mesnil, assis en la parroisse de Charnelles, et vault communs ans de présent, comme il dit, XII livres de rente ou environ, et m'en doit foy et hommage et III sous de rente par chacun an, au terme Saint-Remy, avecques les reliefs et aides coustumieres, quant les cas s'offrent.

Item Perrette Luce, dame du Cormier, tient de moy une pièce de bois, nommee la Queue de Crenne, contenant XXIIII acres ou environ, et sieent les dits bois en la parroisse des Essars, et se relievent par II sous chacune acre, quant le cas s'offre.

Item tient la dite vesve dame du Cormier de moy deux bouvées de terre ou environ, assises en la parroisse des Essars, et se relievent par XXX sous de plain relief, quant le cas s'offre.

Item tient de moy ung quart de fief, nommé les Houlles, seans ès parroisses des Essars et de Gouville, et s'estend ès hameaulx de Repentigny, du Chastellier ou Soullart et illecques environ, et se reliefve par LXXV sous tournois de plain relief.

Item tient deux autres bouvées de terre, assises entre Vaulx et le Soulart, et se reliefve par XXX sous de plain relief.

Item tient de moy une piece de terre, enclose de murs du Cormier, contenant une acre ou environ, dont me fait X sous tournois de rente par chacun an à la Saint-Remy.

Item tient ung jardin, qui fut Hamart, dont me fait XX deniers de rente par chacun an au terme Saint-Remy, et se relievent la dite terre et jardin par II sous tournois de plain relief, quand le cas s'offre.

Item me baille, par son dit adveu, qu'elle tient de moy ung fief nommé le fief au Moyne, ainsi qu'il se comporte et estend, dont elle me doit chacun an, a cause dudit fief, dix livres tournois de rente, au terme de Noel.

Item maistre Estienne de la Challeur, lui et ses puisnez, tenoient ung quart de fief, sans court sans usage, ou tenement, nommé le fief de Charnelles et du Saussay, lequel quart de fief possede de present Robert Legras, viconte de Ponte Audemer, et le tient a cause de sa femme, et m'en doit foy et hommage, reliefz, aides et saisies, coustumes, quant les cas s'offrent, et XL sous de rente, chacun an, au terme saint Remy sur le dit fief, ainsi qu'il est contenu en mes registres, et vault environ c sous par chacun an de present.

Item Jehan Chanoine tient de moy, en ma dite terre, haulte justice, et a cause de mon hostel de Murgers, la vavassorerie d'Ardennes, tant pour luy que pour ses puisnez, dont il m'est tenu faire xliii sous tournois de rente chacun an, au terme de Noel, et se relieve par vii livres x sous tournois de plain relief, quant le cas s'offre.

Item Jehan le Prevost tient de moy, à cause de mon dit hostel de Murgers, la prévosté fieffée de Coulonges avecques ses appendances, et se relieve par vii livres x sous tournois de plein relief;

C'est assavoir que en toute ma dite terre de Danville, appartenances et appendances, en tous les fiefs, arrière fiefs, vavassoriez, aisneessez, tenemens et heritages quelzconques qui sont tenuz de moy tant nuement que par le moyen, j'ay haulte, moyenne et basse justice, assise, viconté, plaiz de meubles ordinaire et toute congnoissance que à hault justiciez appartient, peut et doit compecter et appartenir, selon la coustume du pais de Normandie, ou ressort de l'assise de Bertheuil.

Et si ay en toute ma dite terre, fiefz, arrière fiefz, vavassoriez, aynneessez, tenemens, héritages, appartenances et appendances quelconques les tiers et dangiers des bois qui doivent tiers et dangier, fouages, ventes, reliefz, aides, soubz aides, gardes et emolumens des terres, quant il eschieent, selon la coustume du dit pais.

Toute ma quelle terre, fiefz, arrière fiefz, tenemens, appartenences et appendences quelconques je tienz du Roy nostre seigneur, par foy et par hommage, par ung fief de haubert entier; et lui en doy le service d'un chevalier par l'espace de xl jours, à mes propres coustz et despens, à la garde de la porte du chasteau de Bertheuil, quant ilz en est mestier; et se relieve par xv livres tournois de plain relief, quant le cas s'offre.

Et pour ce que, comme dit est, j'ay perdu par feu et autrement, pour le fait de la guerre, mes tiltres anciens et autres enseignemens, je proteste de plus avant bailler et declarer, se mestier est, le procès dont cy dessus est fait men-

cion finez, et moy eue plus plaine declaracion, tant de mon
fait que de mes hommes et tenans.

En tesmoing desquelles choses j'ay scellé ce présent adveu
de mon seel et signé de mon saing manuel, le derrenier jour
de mars, l'an mil cccc cinquante-quatre, avant Pasques.
Ainsi signé : DE MONTMORENCY.

(*Arch. imp., P. 308, n⁰ 214. Vic. de Conches, f⁰ 26 v⁰.*)

VIII

**Lettres patentes de Charles VIII pour la confirmation et le rétablissement
des foires de Saint-Barnabé et de Sainte-Catherine**

1er AOUT 1484

Charles, par la grace de Dieu, Roy de France, sauoir
faisons a tous presens et auenir, nous auoir receu lumble
supplicacion de notre ame et feal conseillier et premier
chambellan Guy Pot, cheualier, conte de Saint Paoul et sr de
Danuille, contenant que anciennement sadicte seigneurie de
Danuille, qui est assise au bailliage d'Eureux, en notre pais
de Normandie, estoit et encores est une belle srie de grant
et longue estandue, et y auoit audit lieu Danuille ung
beau chasteau et place fort auec ville close, en laquelle
souloit des long temps deux foires lan, esquelles alloient
et affluoient plusieurs marchans; mais a loccasion des
guerres qui longuement ont eu cours audit pais de Normandie, icelles foires ont este interrompues et discontinuees, et sesd. ville et chasteau de Danuille brulez, demoliz
et abatuz par les Anglois, anciens ennemis de la couronne de
France; et a ceste cause, iceluy notre conseillier et chambellan, pour le bien et augmentacion de sad. srie et des sub-
getz et habitans en icelle, y feroit voulentiers mectre sus
et tenir lesd. foires; mais obstant ladite interrupcion, il no-
seroit aussi ne vauldroit le faire sans nos congie, permission
et licence, en nous humblement requerant luy eslargir sur
ce benignement notre grace et liberalite. Pourquoy nous, les
choses dessusd. considerees, inclinant liberalement a la sup-

plicacion et requeste de nostred. conseillier et chambellan,
pour le bien de luy et de sad. s^rie, a iceluy, pour ces causes
et consideracions et autres ace nous mouuans, avons octroye
et octroyons quil puisse et luy loise faire tenir et establir
audit lieu de Danuille lesd. deux foires lan, c'est assauoir,
lune le jour et feste saincte Catherine, et lautre le jour et
feste saint Bernabé, et que tous marchans y puissent aller et
frecquenter marchandement, et joyssent de telz et semblables droiz, preuilleiges, prerogatiues et preeminences
quilz sont et ont acoustume de faire es autres foires dudit
pais de Normandie; et lesquelles foires nous y auons en tant
que besoing est de nouuel et d'abondant establies, crees et
erigees, establissons, creons et erigeons de notre grace espe-
cial, plaine puissance et auctorite royal, par ces presentes. Si
donnons en mandement au bailly d'Eureux et a tous noz
autres justiciers et officiers, ou a leurs lieuxtenans ou commis et a chacun deulx, si comme a luy appartiendra, que de
noz presens grace, octroy, creacion, establissement et choses
dessusd. ils facent, seuffrent et laissent notred. conseillier et
chambellan et ses successeurs seigneurs dud. lieu de Danuille, joyr et user perpetuellement et paisiblement, en faisant
crier et publier icelles foires chacun en sa juridicion, en ma-
niere que nul nen puisse pretendre cause dignorance, car
ainsi nous plaist il estre fait, pourueu toute suoyes que aux
jours dessus declairez que se tiendront lesd. foires, nait autres foires a quatre lieues pres dud. lieu de Danuille, ausquelles icelles foires puissent nuyre ne preiudicier. Et afin
se soit chose ferme et estable a tousiours, nous auons fait
mectre notre seel a ces presentes, sauf en autres choses notre
droit et lautruy en toutes. Donné à Paris, le premier jour
d'août, lan de grace mil cccc quatre vings et quatre, et de
notre regne le premier.

Par le Roy, le conte de Dunois, le s^r de Boisy et autres présens,

A. BRINON.

Visa :
Contentor gratis,
TEXIER.

(Or. par. Archives du départ. de l'Eure; fonds Joursanvault.)

IX

12 OCTOBRE 1498

Vicarii generales in spiritualibus et temporalibus Reverendi in Christo Patris et Domini domini Radulphi, Dei et
sanctæ Sedis apostolicæ gratia, Ebroicensis Episcopi, universis præsentes litteras inspecturis, salutem in Domino
sempiternam. Nuper, pro parte parochianorum, fratrum et
sororum Confrariæ seu Charitatis in honore Salvatoris et
Redemptoris Domini nostri Jesu Christi totiusque curiæ
cœlestis, gloriosissimæ Genitricis Virginis Mariæ, sanctorum
Ebrulphi et Sebastiani in Ecclesia parrochiali sancti Ebrulphi de Danvilla, Ebroicensis diœcesis, constitutæ et ordinatæ,
nobis fuit humiliter supplicatum, cum ipsi pia et devota cha-
ritate ducti affectam Confrariam seu Caritatem hujusmodi
de bono in melius cum Dei auxilio semper augmentare, quas-
dam constitutiones seu ordinationes de novo per eosdem
factas, approbare et laudare vellemus, ac decernere hujusmodi constitutiones atque statuta per fratres et sorores
dictæ Confrariæ de cetero teneri perpetuis temporibus debere
et observari. Quarum quidem constitutionum et ordinatio-
num seu quorum statutorum tenor sequitur in hæc verba :

Ci-après suivent les constitutions et ordonnances de la
Confrairie et Charité de Damville, fondée en l'église parois-
siale de Saint-Evroult dudit lieu, en l'honneur et révérence
du Sauveur et Rédempteur Notre Seigneur Jésus-Christ et
de toute la Cour céleste, de la très-glorieuse Vierge Marie,
de saint Evroult et de saint Sébastien, de l'autorité et congé
du Révérend Père en Dieu, Raoul, par la permission divine,
évêque d'Evreux, et de MM. ses grands vicaires, et instituée
en icelle église par les paroissiens et habitans de ladite
ville, avec l'aide et secours de plusieurs autres personnes
notables de ladite ville et païs d'environ, tant gens d'église,
bourgeois qu'autres manans et habitans, desquels les noms

seront enrolés au matheloge de ladite Confrairie et Charité, et le tout pour perpétuelle mémoire. Icelle Confrairie et Charité commence à la saint Sébastien prochaine, l'an mil quatre cent quatre-vintg-dix-huit.

Premièrement, est ordonné que ladite Charité sera gouvernée de treize personnes notables, qui tous seront frères et serviteurs de ladite Charité, et desquels l'un sera prévôt et l'autre échevin, et les autres seront nommés frères et serviteurs d'icelle.

2. Item en ladite Charité, outre lesdits frères, il y aura un clerc et un crieur pour les servir chacun en son office dans les choses qui toucheront le fait de ladite Charité.

3. Item ceux qui seront élus à l'office de prévôt et échevin serviront à ladite Charité chacun trois ans, et les autres deux seulement.

4. Item lesdits frères, clercs et crieurs auront les chaperons tous d'une couleur sans aucune différence; savoir : les dits frères à leurs dépens, et lesdits clercs et crieurs aux dépens de ladite Charité, et seront tenus et sujets à comparoir à toutes les assemblées, fêtes et solemnités de ladite Charité, et porter leurs chaperons sur peine d'amende et même à toutes les assemblées qui se feront au son de la cloche pour le fait de ladite Charité.

5. Item toute personne qui sera de discrétion et d'âge suffisant, qui voudra se rendre à la Charité, sera reçue en prêtant le serment et payant pour son entrée cinq deniers tournois ou autre don tel qu'il lui plaira, pour le bien et augmentation d'icelle, pourvu toutefois qu'il puisse bien gagner sa vie et qu'il ne soit pas en sentence d'excommunié ou autrement lié.

6. Item celui qui sera prévôt de ladite Charité fera la réception de tous les frères et sœurs qui s'y voudront faire inscrire; et sera ladite réception faite à la Table qui sera ordonnée en ladite église, pour recevoir lesdits deniers de ladite Charité; laquelle Table sera honnêtement parée d'un bureau vert ou autre belle couleur, comme il sera avisé par lesdits frères.

7. Item le prévôt, en faisant ladite réception, tiendra en l'une de ses mains la croix de ladite Charité, et en l'autre main, la main de celui ou celle qui seront reçus, et leur fera

7

promettre, que bien et fidèlement ils entretiendront de leur pouvoir ladite Charité, et qu'ils payeront bien et loyalement leur Confrairie par chacun an ou par chacun terme ; qu'ils garderont les saintes ordonnances et constitutions d'icelle, et l'augmenteront et aideront de leur puissance, et qu'ils porteront honneur et révérence à ladite Charité, au prévôt et échevin, et aux serviteurs, qu'ils serviront à leur tour, s'il est requis, et que tant qu'il y aura deux frères qu'il fera le tiers.

8. Après lesquelles promesses, ledit prévôt fera baiser la croix à ceux ou celles qui auront été reçus, et les embrassera pour marque de fraternité.

9. S'il se trouve quelques personnes qui veulent faire inscrire leurs enfants dans ladite Charité, ils seront obligéz de payer leur entrée audit prévôt pour y être reçus, et les pères et mères seront tenus de promettre de payer pour leurs enfants jusqu'à ce qu'ils soient en âge de discrétion et qu'ils puissent gagner leur vie.

10. Lesdits enfants inscrits par leurs pères et mères, quand ils seront en âge de discrétion, pourront, si bon leur semble, se retirer de ladite Confrairie, en payant les arrérages du temps passé, ou y rester si bon leur semble.

11. En ladite Charité il y aura un livre de parchemin entre deux ais, qui fermera à deux serrures et deux paires de clefs, lequel sera nommé matheloge, et dans lequel seront écrits tous les noms et surnoms des frères et sœurs d'icelle Charité, et seront écrits selon les lettres de l'alphabet. Dans le même livre seront marquéz les payemens des siéges desdits frères et sœurs, par chacun an et par chacun terme, et desquelles clefs lesdits deux premiers frères en la dernière année auront la garde, et seront tenus de les porter et raporter quand il en sera besoin, sur peine d'amende.

12. Il y aura un autre livre en parchemin entre deux ais, qui ne fermera point à clef, duquel livre le clerc de ladite Confrairie aura la garde ; et en icelui livre il y aura un kalendrier, dans lequel principalement seront écrits en écriture de vermillon ou d'azur toutes les fêtes commandées, auxquelles lesdits treize serviteurs, clerc et crieur seront tenus, revêtus de leurs chaperons, faire comparence à la messe, sur peine de grande amende.

13. Dans ce livre seront écrits les noms et surnoms des frères et sœurs trépassez, pour perpétuelle mémoire des années de leur trépas et le temps de leurs services, le tout selon son ordre.

14. Dans le même livre seront trois portraits bien et richement ornez, dont l'un sera de saint Evroult, dont la fête tombe le premier dimanche de may, le second de la Nativité de Notre-Dame, et le troisième de saint Sébastien ; et lequel livre un chapelain, vêtu de surplis et de chappe, ayant à ses côtés deux enfans, revêtus aussi de surplis, tenant chacun un cierge à leur main, sera tenu porter devant lui ouvert à toutes les processions.

15. Tous les frères et sœurs qui seront rendus à ladite Charité pour l'entretien d'icelle, tant en messes, matines qu'autres services, livres, calices et autres ornemens et communes affaires de ladite Charité, seront tenus de payer par chacun an, savoir : l'homme et la femme la somme de trente deniers tournois, et une personne seule la somme de quinze deniers tournois, monnoye courante au pays, qui est par chacun terme et payement, qui seront trois en l'an ; pour l'homme et la femme dix deniers tournois, et pour une personne seule cinq deniers tournois ; et pourront iceux frères et sœurs payer lesdits siéges à chacun terme, ou l'année tout ensemble, comme ils aviseront bon et que faire le pourront.

16. Lesdits trois termes et payemens seront aux trois fêtes de l'an ordonnez à faire les solemnitez de ladite Charité, savoir : le jour saint Evroult, qui est le premier dimanche de may; la principale fête le jour de la Nativité de Notre-Dame, et le jour de saint Sébastien.

17. Ausdites trois fêtes et solemnitéz de ladite Charité, lesdits serviteurs et leurs femmes seront tenus de comparoir en personne à tout le service qui sera fait pour ladite Charité jusques aux matines, ausquelles ils ne seront pas tenus, s'il ne leur plait.

18. Ausdites trois fêtes, seront tenus tous iceux serviteurs et leurs femmes dîner ensemble, et même les chapelains d'icelle Charité, clerc et crieur, savoir : lesdits serviteurs et leurs femmes à leurs dépens, et lesdits chapelains, clerc et crieur aux dépens d'icelle Charité; et lesquels dîners et au-

tres fêtes se feront par lesdits serviteurs en la maison de celui qui sera échevin pour l'année.

19. Le lendemain des trois fêtes, après le service des trépassez d'icelle, lesdits frères seront tenus de s'assembler en la maison dudit échevin avec leur chaperons. Icelui échevin sera tenu rendre compte audit prévôt de toute l'année, et ausdits frères, depuis le dernier terme ; lequel compte ainsi rendu sera mis et dirigé par écrit en un livre en papier, qui sera signé de trois ou quatre frères, et audit jour les chapelains de ladite Charité, clerc et crieur, seront payez de leur service du terme échu ; et s'ils dînent ensemble, ce sera à leurs dépens, et lesdits chapelains payeront chacun deux sols six deniers tournois.

20. En icelle Charité sera tous les jours de l'année dit une messe pour les frères et sœurs et autres bienfaicteurs de ladite Charité, en la manière qui en suit, savoir : tous les dimanches et fêtes commandées de l'église, à diacre et à sou-diacre, bien et solennellement ; et ausdits jours il y aura quatre cierges alluméz sur l'autel et quatre torches tant à l'Evangile qu'à l'élévation du corps de Notre Seigneur ; et seront tenus par quatre des frères, les premiers d'après ledit prévôt et échevin, et ne seront point éteintes qu'après la communion.

21. Et aux autres fêtes solennelles, après matines, sera dite la messe du jour, où il y aura quatre cierges et quatre torches comme dessus : au dimanche elle sera de saint Evroult ; ausquelles fêtes solennelles il y aura trois chappes portées par des chapelains de la dite Charité.

22. Aux autres jours elle sera dite sans diacre, avec deux cierges allumés et deux torches ; et sera dite au lundi des trépassez, au mardi de saint Sébastien, au mercredi de saint Jacques, au jeudi du Saint-Sacrement, au vendredi de la Passion et au samedi de Notre-Dame.

23. Les jours qu'il n'y aura pas de fête solennelle, sera dite aux heures qui ensuivent, savoir : depuis la mi-août jusqu'à la Toussaint, à six heures ; depuis la Toussaint jusqu'à la Chandeleur, entre sept et huit heures ; depuis la Chandeleur jusqu'à Pâques, à six heures, et depuis Pâques jusqu'à la mi-août, à cinq heures ou environ, s'il n'est autrement avisé par lesdits frères.

24. Il y aura en ladite Charité sept chapelains pour y servir, qui diront les messes, matines et services. Ils seront obligez de dire chacun une messe par semaine, et seront tenus de comparoître aux messes hautes ; l'un fera diacre et l'autre le sous-diacre, et les autres tiendront chœur, vêtus de leur surplis.

25. Lesdits vicaires et chapelains seront tenus d'assister et comparoir à dire matines aux fêtes solennelles en ladite église, pour aider au curé de ladite église. Et en outre lesdits vicaires et chapelains seront tenus de dire matines par chacun dimanche.

26. Lesdits clerc et crieur seront tenus de sonner ou faire sonner toutes les messes, matines, autres heures qu'il conviendra sonner, tant pour ledit service, que pour assembler les confrères pour les affaires de ladite Charité.

27. A toutes les messes, tant du dimanche que des autres fêtes, ausquelles lesdits frères devront comparence, les chapelains seront tenus d'aller à l'offrande chacun par ordre : premièrement, le diacre et sou-diacre ; secondement, les dits chapelains ; troisièmement, lesdits prévôt et échevin, et les autres serviteurs chacun par ordre, comme il sera assis ; et sera tenu ledit échevin payer pour chacune oblation cinq deniers tournois pour tous lesdits serviteurs, aux dépens de ladite Charité.

28. Au commencement des messes et fêtes solennelles, lesdits échevin et prévôt seront tenus de mettre la boëte et le livre sur l'autel, les y laisser pendant que l'on dira la messe, jusqu'après la consécration ; après laquelle lesdits prévôt et échevin et trois des frères partiront de leurs siéges, et prendra ledit prévôt le livre et ledit échevin la boëte, et le premier serviteur assis auprès du prévôt prendra la croix ; et iront s'asseoir eux cinq à la Table ordonnée, pour recevoir les siéges, dont les autres serviteurs auront les clefs, afin que, si, à la fin de messe, il se trouve quelque personne qui ait dévotion de se rendre à ladite Charité, ou de payer son siége, soit reçue.

29. Les autres huit serviteurs demeureront en leurs siéges jusqu'à la fin de la messe, après laquelle ils viendront à la Table comme les autres ; et ne pourront partir sans le congé desdits prévôt et échevin sur peine d'amende. Lesdits prévôt

et échevin raporteront le livre et la boëte en leur lieu ordonné, qui fermera aussi à deux clefs, dont les prévôt et échevin auront la garde.

30. Au commencement des messes ausquelles lesdits serviteurs devront comparence, le clerc sera tenu de mettre la croix sur l'autel et le livre où sera la Majesté, laquelle croix ledit prévôt tiendra devant celui qui dira l'Evangile, et le sou-diacre tiendra ledit livre ouvert, et l'Evangile dit, sera tenu de faire baiser, premièrement au prêtre, secondement au diacre, ensuite au prévôt et échevin et à tous les frères, par ordre.

31. A toutes les trois fêtes de ladite Charité, l'église sera parée et illuminée de cierges, et pendant la procession, l'Evangile et la consécration, chaque frère tiendra une torche allumée, excepté celles du prévôt et échevin, qui seront tenues devant eux par deux enfans vêtus de surplis.

32. Le lendemain desdites trois fêtes, ausquels jours le service sera fait des trépassez, il y aura procession faite à l'entour du moustier ou au cimetière, où assisteront les chapelains revêtus du surplis, et les serviteurs tenant chacun une torche.

33. Chaque année, quatre jours avant le dimanche d'après la fête de saint Evroult, qui sera la principale fête de l'année, lesdits prévôt, échevin, frères et serviteurs s'assembleront à la maison dudit échevin, pour élire six nouveaux frères à la place des six anciens qui sortiront; lesquels frères serviront ladite année et seront choisis parmi ceux qui se trouveront inscrits à ladite Charité.

34. Au dimanche d'après la fête de saint Evroult, dès le samedi aux vêpres, ils auront leurs chaperons nouveaux et en changeront chaque année ou de deux ans en deux ans, de couleur telle qu'il sera avisé par lesdits serviteurs.

35. Le crieur aura une tunique à laquelle seront représentéez deux histoires, l'une de Notre-Dame et l'autre de saint Evroult, laquelle tunique il sera tenu porter pendant les messes et autres services de ladite Charité et par les carrefours de la ville, toutes les fois qu'il ira sonner ses clochettes pour quelque chose que ce soit.

36. Chaque année, le samedi d'après ladite fête de saint Evroult d'été, incontinent après le premier son des vêpres,

ledit crieur, vêtu de sa tunique, ira par les carrefours de la ville sonner ses clochettes et fera savoir par cri public aux vieux serviteurs et nouveaux qu'ils se trouvent avec leurs femmes en la maison de l'échevin, où se trouveront les chapelains de ladite Charité tous assemblés; les chapelains revêtus de leurs surplis, et les frères de leurs chaperons, et chacun un chapeau, tant les femmes que les hommes et mêmes lesdits chapelains, clerc et crieur, lesdits frères portant chacun une torche, partiront de la maison dudit échevin et iront en procession par ordre autour de la ville; et la procession faite, ils se rendront au moustier et diront bien et solennellement vêpres, ensuite conduiront tous ledit échevin par ordre, et il y aura deux enfans vêtus de surplis, lesquels porteront deux torches à côté dudit prévôt et échevin.

37. Le lendemain à la messe et à vêpres, ils feront aussi convoi comme dessus et la procession : le crieur ira le premier avec sa tunique et ses clochettes, ensuite la bannière; le clerc qui portera la croix, et à côté de lui deux enfans revêtus de surplis, qui porteront chacun une torche, l'un des chapelains qui portera devant lui le livre ouvert, et deux enfans vêtus de surplis à côté de lui, portant chacun un cierge, suivront les vieux et nouveaux serviteurs, tous de rang et deux à deux par ordre, les deux autres chapelains vêtus de surplis et de chappes, ce qu'on observera dans toutes les processions.

38. Aux deux autres fêtes, il ne sera fait aucune procession, excepté à la messe qu'on ira autour de la ville, mais ils seront tenus de conduire ledit échevin et l'aller quérir en sa maison, tant à vêpres qu'à la messe, ausdites deux fêtes, et auquel convoi ledit échevin sera tenu présenter du vin à boire aux frères.

39. Audit samedi après vêpres, l'échevin conduit en sa maison, les prévôt et échevin doivent assembler les frères qui auront servi l'année, pour élire à la pluralité des voix un échevin pour l'année à venir, qui sera choisi parmi les six qui y seront entrés l'année précédente, laquelle élection sera secrète entre le prévôt et échevin jusques au lendemain, l'oraison des secondes vêpres dite.

40. L'oraison des secondes vêpres dite, le prevôt qui sort du service de la Charité prendra la croix de dessus l'autel, et

s'agenouillera dévotement, et après sa prière baisera la croix et la mettra sur un parement devant l'autel, ensuite ira s'asseoir en sa place, où étant assis, le premier frère nouveau et aussi tous les cinq autres frères qui sortent, viendront de rang et par ordre, à genoux, adorer la croix, faire leur dévotion et la baiser l'un après l'autre, et iront prendre par ordre les siéges où étaient les nouveaux frères assis, et les nouveaux iront s'asseoir auprès des six autres qui seront demeurez pour servir l'année à venir, et s'y tiendront jusqu'après vêpres; l'ancien prévôt et le nouvel échevin, et les deux autres frères partiront avec la croix, la boëte et le livre, retourneront à la Table jusqu'à la fin de vêpres pour recevoir les siéges.

41. Après que les frères qui sortent auront tous baisé la croix, l'ancien échevin viendra adorer la croix, faire sa dévotion et la baiser, ensuite la mettra sur l'autel, et, assisté de l'ancien prévôt, appellera le clerc, auquel il fera nomination de celui qui aura été élu échevin nouveau, après quoi ledit clerc le viendra prendre par la main, le mènera à l'autel et le présentera ausdits prévôt et échevin, qui, tenant la croix en sa main, prendra ledit échevin par la main et lui fera faire serment qu'il gouvernera fidèlement ladite Charité et l'augmentera de son pouvoir; après ledit serment, il lui fera baiser la croix et en signe de fraternité l'embrassera, le mettra enfin en la possession dudit office d'échevin par la tradition de la boëte.

42. On commencera vigiles des trépassez, et tous les nouveaux et anciens frères et autres qui auront chapeaux, les ôteront de dessus leurs têtes et chacun prendra sa place marquée, excepté ceux qui sont ordonnez pour la réception des derniers qui iront au lieu destiné à cet effet.

43. Vigiles des trépassez dites et complies finies, les chapelains seront tenus conduire ledit nouvel échevin en sa maison, accompagnés desdits serviteurs tant anciens que nouveaux, et il y aura deux enfans vêtus de surplis qui porteront deux torches à ses côtez, ausquels il donnera du vin à boire à l'entrée de sa maison, à ses dépens; s'en retourneront ensuite souper tous ensemble chez l'ancien échevin.

44. Le même jour on donnera à dîner à treize pauvres en la maison dudit échevin : leur repas se fera devant celui

des frères, et le pain, le vin et la viande qu'on leur donnera
à suffisance seront aux dépens de ladite Charité.

45. Le dimanche après soupé, lesdits chapelains, frères et
serviteurs seront tenus d'aller de rang et par ordre tous ensemble à l'église, deux des torches de ladite Charité allumées
devant eux, pour rendre grâces à Dieu et à saint Evroult, et
chanteront une antienne de saint Evroult, et iront recon-
duire ledit nouvel échevin; le lendemain tous lesdits frères,
serviteurs, chapelains, clerc et crieur, se trouveront à
l'église pour faire le service desdits trépassés.

46. Au dîner que lesdits frères feront après comptes faits
et rendus, les chapelains payez, ils pourront tous prendre
cinq sols, pour aider à payer leurs dépens de ladite Charité,
pour raison de l'ouverture de la boëte, et le reste sera payé à
leurs dépens.

47. S'il y a quelque chapelain qui soit occupé, ou qui ait
une excuse raisonnable qui l'empêche de dire la messe, ou
faire comparence à ladite Charité, ainsi qu'il est requis et
qu'il est dit ci-devant, il pourra envoyer et commettre un
autre chapelain suffisant pour faire son office, lequel chapelain sera tenu envoyer son excuse au prévôt et à l'échevin
ou à l'un d'iceux; toutefois il ne pourra commettre aucun
chapelain à dire sa messe qu'il ne soit de ladite Charité, à
moins qu'il ne la puisse pas dire, et cela du consentement
du prévôt et échevin.

48. Si lesdits frères ont une excuse raisonnable, pourront
commettre personnes suffisantes pour leur office, à leur
péril et risque, pourvu que ceux qui seront par eux insti-
tuez soient frères rendus à ladite Charité, ou qu'ils soient
de leur maison et famille.

49. Le clerc et le crieur seront tenus semondre, c'est à
scavoir ledit clerc, lesdits chapelains, et ledit crieur, les
frères et serviteurs, à comparoir aux assemblées qui se feront
à ladite Charité; et pour le faire avec diligence, ils auront
gages aux dépens de ladite Charité, ainsi qu'il sera avisé
entre eux et selon le revenu de la dite Charité.

50. Lesdits frères et serviteurs seront tous tenus et sujets
de faire le pain béni par ordre, chacun à son tour, tous les
dimanches et fêtes solennelles, a leurs dépens, et commen-

cera toujours le prévôt le premier dimanche d'après ladite
fête.

51. Le chapelain qui dira la messe au dimanche ou autre
fête qui sera de commandement de l'Eglise, sera tenu incontinent après son offrande de faire des prières pour les bienfaicteurs d'icelle Charité et pour les trépassez.

52. S'il y a quelque frère ou sœur malade, dont on ait
connaissance, ledit clerc sera tenu de le faire scavoir au
prêtre pour les recommander aux prières, et, la messe finie,
lesdits frères seront tenus l'aller visiter et conforter, et des
biens de ladite Charité lui distribuer.

Cy ensuivent les constitutions et ordonnances des trépassés de ladite Charité :

Premièrement. 53. Si quelque frère ou sœur de ladite
Charité va de vie à trépas, les amis du trépassé seront tenus
de le faire scavoir au prévôt et à l'échevin, et incontinent
sera par le crieur d'icelle portée la croix et la bannière
d'icelle Charité en la maison de celui ou celle qui sera trépassé, pourvu qu'il y ait bien fait son devoir, ou que ses
amis répondent pour lui.

54. Avant qu'on porte la croix et le corps au moustier, le
crieur, vêtu de sa tunique, sera tenu aller par les carefours
de la ville et sonner ses clochettes par trois fois, et dira à
haute voix que chacun prie pour l'âme du trépassé et dira
son nom, et que tous les frères et serviteurs aillent à l'église.
En passant par les rues, ledit crieur sera tenu aller aux
maisons de tous lesdits serviteurs, leur signifier icelui trépas, et ledit clerc sera tenu le faire scavoir ausdits chapelains.

55. S'il y a quelqu'uns des frères ou sœurs qui aillent
en pèlerinage d'Outre-Mer, lesdits serviteurs, clerc et
crieur, seront tenus les conduire avec la croix, la bannière
et les torches, depuis la ville jusqu'au dehors, en leur faisant avant leur départ célébrer une messe aux dépens de la
Charité, et à la sortie du moustier leur offrir des biens de
ladite Charité, et leur donner des deniers d'icelle s'ils en
veulent prendre.

56. Lesdits clerc et crieur retournez en l'église, seront tenus sonner la cloche de ladite Charité, ordonnée à cette fin pour appeler lesdits frères et serviteurs, lesquels seront obligez de comparoir audit appel à l'église, et partiront tous ensemble pour aller en la maison de celui ou celle qui sera trépassé, avec surplis, torches, cierges, chandelles et livres; et après que le sieur curé aura commencé le service, les chapelains doivent dire celui des trépassez dévotement et vêtus de leur surplis, et doivent allumer quatre cierges aux quatre coins de la sépulture, qui brûleront jusqu'à la fin.

57. Si le trépassé a été frère-serviteur ou sœur, et qu'il ait servi à ladite Charité, il aura en son service, tant en sa maison qu'au moustier, quatre cierges ardens, deux torches et deux chapelains avec des chappes, et même ils assisteront le corps, tant au moustier qu'au lieu de la sépulture

58. S'il a été prévôt ou échevin, tant lui que sa femme auront quatre torches ardentes et quatre chappes, comme il est dit ci-dessus (supposé que ledit prévôt et échevin ou l'un d'eux ayaient eu plusieurs femmes).

59. Les vigiles dites, ledit crieur sonnera ses clochettes et quatre des serviteurs prendront le corps par les quatre coins du barc et le porteront au moustier en la compagnie du curé de la paroisse, chantant un *Libera,* et les autres serviteurs prendront les cierges et chandeliers pour porter à l'église, et l'un d'eux prendra la croix et l'autre la bannière pour les porter, et lesdits frères, serviteurs, clerc et crieur y seront tous sans rien excepter, sous peine d'amende.

60. Et le corps aporté à l'église, le drap de ladite Charité doit être mis sur lui et la croix devant, et les cierges et chandeliers aux quatre coins, et même les torches, s'il a été serviteur, ainsi qu'il est dit, et lesdits cierges et torches brûleront tandis que le service durera.

61. Si c'est un frère ou une sœur qui n'ait point servi à ladite Charité, il aura une messe basse qui sera dite par l'un des chapelains de ladite Charité et payée aux dépens d'icelle, et s'il a été frère, serviteur, lui et sa femme auront chacun deux messes, l'une basse et l'autre haute, à diacre et à sousdiacre, que l'un des chapelains et le clerc de ladite Charité seront tenus de faire; il y aura deux torches comme il est dit et deux chappes à ladite messe haute, et s'il a été prévôt ou

échevin, lui et sa femme auront trois messes, l'une haute et deux basses, avec quatre torches, et seront tenus laisser brûler tandis que le service durera et assister le corps à la sépulture jusques à ce que le service soit fait, et à chacune desdites messes, seront tenus lesdits frères être présens et assis par ordre et payer pour chacune oblation la somme de cinq deniers tournois, aux dépens de ladite Charité.

62. A la fin dudit service, le crieur sera tenu de sonner ses clochettes à la porte du moustier pour assembler les pauvres, et ensuite l'un des frères sera tenu leur distribuer du pain ; c'est à scavoir : pour l'un des frères ou sœur qui n'auront point servi, on donnera pour treize deniers de pain ; pour un frère ou une sœur qui aura servi, vingt deniers tournois, et pour ceux qui auront été échevins ou prévôts, vingt-six deniers tournois.

63. Et ledit service ainsi fait et le corps mis en sépulture, lesdits chapelains, serviteurs, clerc et crieur seront tenus, par ordre, faire le convoi des amis du trépassé jusques en la maison, leurs chaperons sur leurs testes.

64. Et s'il meurt quelque chapelain, clerc ou crieur, durant le temps qu'il sera au service de ladite Charité, il aura un service comme l'un des serviteurs d'icelle.

65. S'il y a quelque frère ou sœur qui soit demeurant dehors, si l'église de la paroisse où il est demeurant est en la banlieue, les chapelains, serviteurs, clerc et crieur seront tenus le porter jusques à l'église et lui faire un service comme s'il étoit en la ville.

66. S'il est résident et demeurant plus loin en étranger païs, il aura un service comme s'il était demeurant en la ville, en le faisant savoir audit prévôt et échevin par ses amis, et en payant ce qui sera dû : lequel service sera fait en ladite église de Saint-Evroult ; toutefois s'il était de ladite ville, sera le service de la Charité fait en la paroisse où il est résident, et au jour que ses amis seront déterminez de faire dire ledit service.

67. Si quelque frère ou sœur de ladite Charité va demeurer dans un pays éloigné, de sorte qu'il ne puisse pas chaque année payer sa confrairie, toutefois il sera reçu en payant quarante sols tournois après son trépas, et lorsqu'il sera venu à connaissance, il aura le même service en ladite église de

Saint-Evroult, comme s'il avoit été présent et qu'il eût payé par chacun an.

68. S'il revenoit au pays faire sa résidence, il sera tenu payer après son retour ses siéges par chacun an comme devant, toutefois sera auparavant desduite et rabatue sur les siéges ladite somme de quarante sols tournois.

69. Et seront tenus les chapelains, clerc et crieur, prévôt et échevin et serviteurs de ladite Charité, comparoir à tout ledit service ainsi et en la manière que dit est, même à toutes les assemblées qui se feront à son de cloche, sur peine d'amende; c'est à scavoir : lesdits prévôt et échevin, chacun sept deniers tournois, et les autres chapelains, clerc et crieur et autres serviteurs, chacun quatre deniers tournois d'amende.

70. Seront tenus comparoir avec des habits les plus modestes et les plus propres qu'il leur sera possible, surtout avec des souliers bien nettoyez, sur peine d'amende.

71. Seront tenus comparoir, quand il y aura quelque trépassé, en la maison dudit trépassé, si le corps est présent, ou à l'église s'il est absent, auparavant les trois premières leçons, sur peine d'amende.

72. S'il y a quelque frère ou sœur de ladite Charité qui ait bien fait son devoir, qui vienne en nécessité, soit par maladie, par emprisonnement ou autrement, tellement qu'il ne puisse gagner sa vie, après l'avoir fait savoir au prévôt, échevin et serviteurs, ils seront tenus le visiter, et selon sa nécessité et indigence et la faculté de ladite Charité, leur aider et secourir par chaque semaine, ainsi que par lesdits serviteurs sera avisé.

73. Si quelqu'un d'eux est en sentence d'excommunication, qu'il n'ait pas de quoi se faire absoudre, les serviteurs seront tenus lui aider des deniers de la Charité, s'il le requiert pour lui aider à se faire absoudre.

74. Pourront lesdits prévôt, échevin et serviteurs, augmenter ou diminuer ces présentes ordonnances, s'ils le peuvent faire en conscience, et que l'honneur de ladite Charité n'en soit point lésé, pourvu que lesdits changements se fassent à la pluralité des voix et qu'on ait appelé les trésoriers et gouverneurs de ladite Confrairie, et même les serviteurs des années précédentes, si on le jugeoit à propos.

Circumspectis, colendissimis, honorandissimisque Dominis meis Dominis Vicariis, necnon singulis præsentes litteras inspecturis, notum facimus quod nos Egidius Barat, presbiter curatusque parochiæ sancti Ebrulphi de Damvilla, acceptum firmumque habemus quicquid recte riteque continetur super articulis hac in præsenti cartha contentis; teste signo meo manuali hic apposito, anno Domini millesimo quadringentesimo nonagesimo octavo, die vero vigesimâ tertiâ mensis septembris. Signé : Eg. BARAT, avec paraphe.

Notum igitur facimus quod nos, visis diligenter ac mature consideratis et digestis supra scriptis constitutionibus et ordinationibus, firmiter sperantes tanto gratius altissimo obsequium quanto ferventius Christi fideles incitaverimus ad opera Charitatis atque pænas evitari possimus gehennales et gaudia æterna promereri, quodque illa quæ fiunt ad laudem et honorem Domini nostri Jesu Christi et gloriosæ Virginis Mariæ ejus matris, quæ etiam cultus divini augmentum et salutem animarum conspiciunt, utique approbatione sunt digna, supplicationi fratrum et sororum prædictæ Confratriæ seu Charitatis, tanquam rationabili et juri consone, benigne annuentes, constitutiones et ordinationes antedictas, prout superius scriptæ sunt, tanquam laudabiles et approbabiles, a fide canonica seu canonicis institutionibus non deviantes, in quantum possumus et debemus, authoritate dicti reverendi Patris nobis commissa et qua fungimur in hac parte, de consensu curati loci, laudamus et approbamus et tenore præsentium confirmamus; decernentes ipsas et earum quamlibet à fratribus et sororibus dictæ Confratriæ præsentibus et futuris teneri firmiter et inviolabiliter perpetuis temporibus observari et roboris habere firmitatem, jure parochiali et alio quolibet in omnibus semper salvo. Omnium et singularum causarum, controversiarum et litium, tam inter presbiteros Charitatis quam etiam fratres et sorores ipsius Charitatis, seu Confratriæ motarum, vel forsan movendarum, tam super interpretatione quam etiam observatione statutorum et constitutionum hujusmodi, quam etiam alias occasione Charitatis et Confratriæ prædictæ cognitionem et decisionem eidem reverendo Patri et suæ jurisdictioni

ecclesiasticæ retinentes et reservantes. Nos vero, ut Christi
fidelium devotiones ad hoc ferventius excitentur, de omni-
potentis Dei misericordia, sanctæque ejus Genitricis et Virginis Mariæ, beatorum Petri et Pauli apostolorum, omnium-
que sanctorum meritis et... confisi, omnibus vere pœniten-
tibus et confessis, qui de bonis a Deo sibi super terram
collatis, ad sublevationem, honorem et augmentationem
dictæ Charitatis seu Confratriæ erogaverint, manusque
suas porrexerint devotas, quadraginta dies de injunctis eis
pœnitentiis misericorditer in Domino relaxamus. In quorum
omnium et singulorum fidem et testimonium præmissorum,
sigillum magnum dicti reverendi Patris, signum ulterius
nostrum his præsentibus duximus apponendum, die duode-
cima mensis octobris, anno Domini millesimo quadringentesimo nonagesimo octavo. Signé : G. MILLOMS, avec paraphe.

*(D'après un imprimé communiqué par la confrérie
de la Charité de Damville.)*

X

**Aveu fait au Roi de la terre et baronnie de Damville, par Charles de
Montmorency.**

17 OCTOBRE 1602

Du Roy nostre sire, je, Charles de Montmorency, seigneur
de Dampville et de Meru, comte de Secondigny, viscomte de
Melun et de Tancarville, chevalier des ordres de Sa Majesté,
conseiller en ses conseils d'Estat et privé, cappitaine de cent
hommes d'armes de ses ordonnances, admiral de France et
de Bretaigne, tiens et advoue tenir neument et sans moyen
de Sa dicte Majesté, a cause de son chastel et chastellenye
de Bretheuil, au duché d'Evreux, ma dicte terre, seigneurie
et baronnye de Dampville, avecques laquelle est unye, par
permission du roy, la terre et seigneurie de Corneuil et des
Grandes et Petites Mignières, toutes leur appartenances et
deppendances, tant en chef qu'en membres, fiefz et arrières
fiefz; auquel lieu de Dampville, qui est le chef de la dicte
baronnye, y a franche bourgeoisye, il soulloit avoir une

ville close et faulx bourgs, tour assize sur motte, pavillon, maisons et fossez ; lesquelles choses ont esté demollies et destruictes à l'occasion de la guerre des Anglois, antiens ennemis du Royaulme.

Item rivière, place d'estang en pray, garenne antienne, nommée la Garenne de Dampville, tant au dict lieu qu'à Louvinet ; collombier, boys, terres labourables, boys en domaine, prays, pastis et terres non labourables, prévosté, travers et acquitz, jauge, mesure, pois et aulnages, languayage de porcz, marchez deux jours par sepmaine et deux foires par an ; sergeanteries hereditalles et sergeanterie des bourgeoys, tabellionnage, four à baon, geolle et prisons, amendes sur les hommes justiciables, ordonnances des maistres des mestiers de boullengers, bouchers, tisserantz en draps et linges, et autres mestiers, rentes en deniers et oyseaux, grains, espices et autres choses en plusieurs lieux, à plusieurs festes et termes de l'an, et y ay rivière en garenne.

Item j'ai au dict Dampville un hospital auquel sont reçus les paouvres passanz, lequel est en ma donation le cas offrant de vaccation, comme aussi droict de présenter aux escolles du dit lieu et en toutes les parroisses de ma dicte barronnie ; troys moullins à eaue, assiz, l'un à Dampville, l'autre à Chéronnel, et le tiers à Coullonges, tous sur la rivière d'Iton ; desquels moullins sont baonniers : premièrement, de celui du dict Dampville, les manans et habitanz du dict Dampville et les manans et habitans des hameaux de Repentigny et du Cormier, pour le fief du Crenne ; et du moullin de Coullonges, sont baonniers les manans et habitans du dit lieu de Coullonges en partie et les manans et habitans des Meurgers et de la Millerette ; et du dict moullin de Chéronnel, sont baonniers les manans et habitans de Gouville en partie, et les habitans de Lymeux et des Champs, en la parroisse de Sainct Deniz du Beshellenc, et les habitans des hameaux du village des Houlles, en la parroisse des Essars.

Item jay en ma dicte terre un manoir, nommé le Manoir des Meurgers, jardins, droict de coullombier, parc, terres labourables et non labourables, boys et tout ce qu'à icelluy manoir apartient.

Item un autre manoir, nommé le Manoir des Jaucoux, jardin, coullombier, terres labourables et non labourables, boys et tout ce qu'à icelluy manoir apartient, qui est de present en aisnesse, et me paye chacun an, en ma recepte de Dampville, douze livres tournois de rente.

Item il soulluit avoir un autre manoir ou place de manoir à Gouville, jardins, droict de coullombier, terres labourables et non labourables, boys et tout ce qu'au dict manoir apartient, qui est de present baillé à quatre livres tournois de rente.

Item trente-cinq livres de rente, à prendre chacun an sur la seigneurie de Thillières, pour composition faicte avecq le feu sieur de Dampville et le feu baron de Thillières, pour la prevosté, travers et troys moullins à eaue que le dict feu seigneur de Dampville avoit au dict Thillières, sur la rivière d'Avre.

Item j'ay en ma dicte seigneurie de Dampville le patronnage et droict de presenter à troys églises parroissialles toutes fois qu'ils escheent en présentation ; c'est asscavoir : à l'église Sainct Pierre de Charnelles ; à l'église Sainct Jehan de Gouville, et à l'église Sainct Aignen de Blandé. Et s'extend ma dicte terre et barronnye de Dampville, ès parroisses de Dampville, Thillières, Breuil, Losmes, Charnelles, la Gueroude, Gouville, Blandé, Roman, Authenay, le Chesne, les Essars, Chantelou, le Roncenay, Coullonges, Villers, Champ-Dominel, Grandvillier et Hellenvillier, et aussi en partye ès parroisses de Menthelon, Nuysement, le Beshellenc, Bourg, Francheville, Athez, Mandres et Dame Marie, et ès travers denviron.

Item de ma dicte terre de Dampville, Allexandre de Lombelon, filz de feu Loys de Lombelon, escuier, son père, tient de moy, neument et sans moyen, son fief des Essars, avecques toutes apartenances et deppendances quellesconques, dont le chef est assis en la dicte parroisse des Essars, et feu Esmes de Lombelon, son ayeul, a baillé par son adveu qu'icelluy fief s'extend, tant en chef qu'en membres, ès parroisses des Essars, du Chesne, de Sainct Denys du Beshellenc, de Nuysement, Menthelon, Champ Dominel, Villez, Coullonges, Authenay, Chantelou, Gouville, Losmes, Breuil, Dame Marie, la Guéroulde, Francheville, Bourg, les Barilz,

8

Mandres, Bournainville, Roucourt, Faverolles, Sainct Martin le Viel, et mesmement Sainct Nicollas d'Athez ; et dict, par son dict adveu. avoir en icelluy fief deux moullins, l'un nommé le moullin de Febvrier, assiz en la parroisse de Menthelon, et l'autre en la parroisse de la Guéroulde, au hamel de la Poustière, avecq une place ou sault de moullin à foullon, qui est de present à mon vailloir, assis à Chambray.

Item à cause du dict fief des Essarts, le patronnage ou droict de présenter à la chappelle ou malladerie Sainct Anthoine des Essars.

Item dict le dict feu de Lombelon, par son dict adveu, de luy estre tenu, à cause de son dict fief des Essars, un fief de haubert entier, nommé le fief du Gerrié Ernault, à court usage en basse justice, que pocèddent à present les héritiers de feu Claude de Moucy, escuier, et dont le chef d'icelluy est assis en la paroisse du Champ Dominel et en celle de Coullonges ; et aussi le fief de Bournainville, ses appartenances et deppendences, assiz en la viconté d'Orbec ; sur quoy, et, dès le tems de feu Jéhan de Montmorency, auparavant la descente de Anglois qui fut devant la journée d'Aszincourt, estoit meû procès ès assises de Dampville entre feu Charles de Montmorency, père dudict feu Jéhan de Montmorency, seigneur dudict Dampville, et son procureur, d'une part, et le sieur des Essars, d'autre, sur ce que le dict de Montmorency disoit et soustenoit que le dict fief et appartenances du Gerrié Ernault, qui est un fief entier, estoit tenu de luy séparement et a part, et qu'a luy en estoit deub l'hommage, reliefs et autres droits accoustumez, sans qu'il s'acquicte, ne doibve acquicter par l'hommage, reliefz et autres debvoirs dudict fief des Essars, et ledict sieur des Essars disoit le contraire.

Item mect en son dict adveu que Gilles Potin tient dudict fief des Essars un fief de haubert entier, appelé le fief du Chesne, dont le chef est assiz en la parroisse du Chesne, et s'extend le dict fief en la paroisse du Chesne, Sainct Denys du Beshellenc ; et que du dict fief soulloient tenir les héritiers de deffunct Guillaume Boullenc un quart de fief nommé le Brouillard, à present poccédé par Robert Leroux, escuier, et un autre quart nommé la Vallée, que tiennent à present les hoirs Michel de Varennes ou leurs représentans, et qu'il luy en est faict foy et hommage, et tout ce que fief de haubert est tenu faire; dont y a procès comme dessus est dict.

Item mect au dict adveu que de luy est tenû le fief de Chantelou, par le moyen de feu Nicollas de Chambray, et est assis le dict fief en la parroisse de Chantelou et en la parroisse d'Authenay, et est fief entier, dont à present sont tenans les hoirs de François de Boismillon.

Item que de luy est tenu le fief de Chambray, en la parroisse de Gouville, et en est la court de Chambray ou se sied le coullombier, la grange, la chappelle, la salle, les estables, le moullin des Planches, les prays, la rivière, les terres labourables et les boys qui sont outre le chemin qui tend de Chambray à Verneuil, et avecq ce en sont les villages de Chambray et du Perron, avecques les rentes et revenus que le dict sieur de Chambray prend ès dicts villages.

Item le fief des Jaucoux, qu'il dict n'estre qu'un demy-fief de haubert qui est cy-devant nommé, et dont est procès longtemps y a pour la tenure, entre le dict feu sieur de Montmorency et ledit feu sieur de Lombelon.

Item mect que de luy est tenu le fief de Vaux, assis en la parroisse d'Authenay, dont est à present tenant Hector de Cougny, qu'il dict luy en estre tenu faire foy et hommage.

Item mect que de luy est tenu un huictiesme de fief, nommé la Coustardière, assiz à Thillières, et se reliefve par dix sept soldz neuf deniers tournois de rente. Et ne puys de présent les fiefz susdictz bailler par plus plaine n'entière déclaration, pour cause du dict procès qui estoit des lors de mon dict seigneur Charles de Montmorency ou son procureur, comme dessus est dict; et lequel procès je proteste pouvoir reprendre et remettre en mes assizes dudict Dampville comme il estoit au dict temps et auparavant comme dessus est dict; et la cause pourquoy je n'ay peu reprendre ne renouveller le dict procès est que le pavillon dudict Dampville, ou es oient les tiltres et enseignemens touchans ma dicte terre, fust bruslé, tellement qu'il ny demeura que les paroys comme assez peult aparoir.

Item le dict de Lombellon dict, par son dict adveu, qu'à cause de son dit fief des Essars sont tenans plusieurs personnes de vavassoreries et tenemens cy après declarez:

Premierement les hoirs Collas Jehan tiennent une vavassorerie nommée la Postière, assize en la parroisse de la
Guéroulde, et se reliefve par sept livres dix soldz de plain
relief.

Item les dits hoirs Collas Jehan tiennent la vavassorerie
du Breuil, assize en la parroisse de Saint Nicollas d'Athez, et
se reliefve par sept livres dix soldz de plain relief.

Item Nicollas de Bardouf, escuier, tient à present la vavassorerie de la Rouillardière, en la parroisse de Francheville,
et se reliefve par sept livres dix soldz de plain relief.

Les hoirs Jehan Desmaretz tiennent l'aincesse des Chastelletz, assise ès parroisses de Bourg et Mandres, et se reliefve
par sept livres dix soldz de plain relief.

Les hoirs Jacques Fayet tiennent une vavassorerie ou
aisnesse, nommée la Lande, assize en la parroisse de Mandres, dont y a procès pour le relief entre le dict sieur des
Essars et les dicts hoirs Fayet

Me Loys de Pevrel, sieur de Bémécourt, tient la vavassorerie ou aisnesse de la Choutière, et se reliefve par sept
livres dix soldz de relief. ·

Pierre Tabouret et ses consortz tiennent une vavassorerie
ou aisneesse de la Troudière, assize en la parroisse de
Breuil, et se reliefve par sept livres dix soldz de plain
relief.

Messire Denys de Fossez, chevallier, tient la vavassorerie
de Losmes, assize au dict Losmes, et se reliefve par sept
livres dix soldz de plain relief.

Pierre Poisson, escuier, tient l'aisneesse Lescivel, en la
dicte parroisse de Losmes, et se reliefve par sept livres sept
soldz neuf deniers de plain relief.

Les hoirs Collas Buisson tiennent l'aisneesse de la Mésengère, assize en la parroisse de Menthelon, et se reliefve par
trente sept soldz six deniers de plain relief.

Item Jehan Noe, filz Catherin, tient une aisneesse nommée
Boisbelot, assize en la parroisse de Losmes, et se reliefve
par acre, selon la coustume du pays.

Item le sieur de Morainville tient une vavassorerie nommée
Rondel, et se reliefve par acres.

Crestian Germain tient une aisneesse nommée Long Poirier, en la parroisse de Menthelon, et se reliefve par acres, selon la coustume du pays.

Les surnommez Robillard tiennent une aisneesse, nommée Bois Clère, assize à la Poustière.

Hellêne Henry, veufve de feu Me Robert Aubert, tient une vavassorerie ou aisneesse qui fut Roulland Leduc, assise en la parroisse de la Guéroulde.

Item les hoirs Jehan Patin tiennent un quart de fief nommé Lescivel, assiz en la parroisse de Losmes, et se reliefve par soixante quinze soldz de plain relief.

Les dicts hoirs Jehan Patin tiennent le fief d'Ardenne, assiz en la parroisse de Losmes. Et sur ce je soutiens et veux maintenir que les dictz fiefs, dont procès est meû entre le dict sieur Charles de Montmorency, d'une part, et le dict sieur des Essars, d'autre, sont séparement divisez, neument et sans moyen tenus de moy, et que l'hommage, relief et autres debvoirs m'en sont deubz chacun à part soy, quoy que le dict sieur des Essars veuille dire le contraire. Ainsy sommes en pareil debat moy ou mon procureur, d'une part, et le dict sieur des Essars, qui est à présent, d'autre, comme estoient les dictz Charles de Montmorency ou son procureur et le dict feu sieur des Essars. Et duquel fief des Essars la garde noble m'apartient; laquelle j'ay donnée à dame Loyse de Vieupont, mère dudict Allexandre, durant sa minorité.

Item les héritiers de feu messire Charles d'O, sieur de Vérigny, et messire Charles d'O, sieur de Baillet, en France, tiennent de moy, par foy et hommage aux uz et coustume du pays, à cause de ma dicte terre de Dampville, un fief de haubert entier, nommé le fief de Chaigny, dont le chef est assis en la parroisse de Roman, et ès parroisses de Grandvillier, Gouville, Blandé, Roncenay et illec environ; auquel fief à court et usage noble en basse justice.

Et du dict fief de Chaigny soulloit estre tenu par foy et hommage, un huictiesme de fief, nommé Arnoullet, et lequel huictiesme de fief a esté remys en leur domaine par puissance de fief, comme ils dient.

Gabriel de Chambray, sieur du dict lieu de Chambray, en tient la haulte Motte estant à Chambray, la basse motte et le manoir ou sied la chapelle, le hault boys et toutes leurs appartenances, comme ilz dient; et le dict sieur de Chambray dict tenir ce que dict est par foy et hommage du sieur de la Fertay Fresnel, par le nombre d'un demy fief de haubert, aux uz et coustumes du pays.

Item est tenu du dict fief de Chaigny, par foy et hommage, ung huictiesme de fief à court et usage, nommé le fief du Roncenay, que tiennent à présent les héritiers feu Georges de Pilliers, aux uz et coustumes du pays.

Item Gaspart de Mainemares, sieur de Bellegarde, tient de moy, par foy et hommage, à cause de ma dicte baronnie de Dampville, un demi fief, nommé la Puissette, assiz en la parroisse de Rosman, auquel a court et usage et toute noblesse en basse justice.

Et de luy tient Simon Boulenc un quart de fief, nommé la Lande, assiz en la dicte parroisse de Rosman, auquel y a court et usage.

Le dict sieur de Baillet et les dictz hoirs du sieur d'O en tiennent un autre quart de fief, nommé Montmorain, assiz en la dicte parroisse de Rosman; auquel fief il n'a court ne usage.

Item Jacques Lecomte, escuier, sieur du Cormier, tient de moy une pièce de boys, nommée la Queue de Cranney, contenant vingt-quatre acres ou environ, assiz en la parroisse des Essars, et se reliefve par deux soldz chacune acre, quand le cas s'offre.

Item le dict le Comte tient de moy deux bouvées de terre ou environ, assizes en la parroisse des Essars, et se reliefvent par trente soldz de relief, quand le cas s'offre.

Item le dict le Comte tient de moy un quart de fief, nommé les Houlles, seant en la parroisse des Essars et Gouville, et s'extend ès hameaux de Repentigny et illec environ, et se reliefve par soixante-quinze soldz de plain relief.

Item le dict le Comte tient de moy douze acres de boys ou environ, assizes auprez des vingt-quatre acres dessus nommez, sur quoy il me doibt six deniers de rente au jour sainct Remy, et se reliefve par deux soldz l'acre de plain relief.

Item tient deux autres bouvées de terre, assizes entre

Vaux et le Rouillard, et se reliefvent par trente soldz de plain relief.

Item le dict le Comte tient de moy une pièce de terre encloze ès murs du Cormier, contenant une acre ou environ, dont me faict dix soldz tournois de rente par chacun an au jour sainct Remy.

Item tient de moy un jardin, et me faict vingt deniers de rente chacun an au jour sainct Remy, et se reliefvent la dicte terre et jardin par trois soldz tournois de plain relief, quand le cas s'offre.

Item le dict le Comte tient de moy un fief, nommé le fief au Moyne, ainsi qu'il se comporte et s'extend, dont il me doibt chacun an dix livres tournois de rente au jour de Noel.

Le dict Gabriel de Chambray tient de moy, par foy et hommage, de ma dicte barronnye de Dampville, le fief, terre et sieurie, prays et moullin de Varennes, siz en la dicte parroisse de Gouville et Blandé, et me doibt payer par chacun an, à ma recepte du dict Dampville, au jour sainct Remy, pour le dict fief de Varennes, la somme de quinze livres tournois de rente sieurrial, avecq les droictz et debvoirs seigneuriaux, selon la coustume de Normandye.

Item Denys Delorme tient de moy, en ma dicte terre, et haulte justice, et, à cause de mon hostel des Meurgers, la vavassorerie d'Ardennes, tant pour luy que pour les puisnez, dont il m'est tenu faire quarante-troys soldz de rente chacun an, au terme de Noel, et se reliefve par sept livres dix soldz de plain relief, quand le cas s'offre.

Item François Vaultier, héritier, à cause de sa femme, de deffunct Noel Prevost, tient de moy, à cause de mon dict hostel des Meurgers, la prévosté fieffée de Coullonges, avecques ses appartenances, et se reliefve par sept livres dix soldz de plain relief.

Item j'ay et m'apartient le fief du Grand Mesnil, assis à Charnelles, et trois fermes en la parroisse de Mandres, leurs appartenances et deppendances, avecques soixante soldz tournois de rente en une partye, et vingt huict soldz six deniers en autre, pour la fieffe faicte par M. le connestable, mon père, à aulcuns particulliers du village de Mandres, de soixante arpens et vingt huict arpens de terre en deux pièces, assizes aux Bruyères et village de Mandres.

Et est asscavoir qu'en toute ma dicte terre de Dampville, apartenances et deppendances, en tous les fiefz, arrière fiefz, vavassoreries, aisneesses, tenemenz et heritages quelconques, qui sont tenus de moy tant neument que par moyen, j'ai haulte justice, moyenne et basse, assizes, vicontez, plaidz de meubles ordinaires, congnoissance qu'a hault justicier apartient, peut et doibt competer et apartenir, selon la coustume du pays de Normendye, au ressort de l'assize de Bretheuil.

Et sy ay en toute ma dicte terre, fiefz, arrière fiefz, vavassoreries, aisneesses, tenemenz et heritages, appartenances et deppendances quelconques, le tiers et danger des boys qui doibvent tiers et danger, fouages et arrieres fouages, rentes, reliefs et treiziesmes, aydes, soubz aydes, gardes, esmollumenz de terre, quand ilz escheent, selon la coustume du pays.

Et sy ay droict de prendre a chacun an, ès foretz de Conches et Bretheuil, le nombre de cent cordes de boys a ardoir et brusler pour mon chauffage, et bois sans nombre pour bastir et eediffier en ma dicte baronnye.

Item au dict fief, terre et seigneurie de Corneuil, qui est un plain fief de haubert, uny a ma dicte barronnye de Dampville, tenant et mouvant du dict chastel de Bretheuil, auquel il y avoit court et usage, justice, jurisdiction, haulte, moyenne et basse, de present unye au dict baillyage de Dampville, y a reliefz, treizièsmes, forfaictures, corvées d'hommes, harnois, chevaux et autres aydes et debvoirs sieurriaux; et est le dict fief assiz et s'extend ès parroisses de Corneuil, Chavigny, Créton, Coullonges et autres parroisses d'environ, dont le chef est assiz au dict lieu de Corneuil, où il y a motte, où il soulloit avoir chasteau, maison, place et collombier; et chappelle, dont la présentation m'apartient, toutesfois qu'elle est vacante, comme aussi de la chappelle de sainct Nicollas des Mignières, avecq la donnation des escolles. Et sy a parc planté en boys et buissons avecq autres boys, domaine fieffé et non fieffé, droict de garenne, troys moullins a blaid sur la rivière d'Iton, l'un appellé le moullin de la Porte, l'autre le moullin de Verrières, et l'autre le moullin des

Chérottes; droict de garenne franche en la dicte rivière, pescheries, et baonniers subjets aux dicts moullins; rentes en deniers, œufz et oyseaux, poivre, cire et autres espices et revenus.

Avecq ce droicture en la forest de Bretheuil, d'avoir le fou et autres boys pour ardoir et chesne pour ediffier, tant au dict chasteau de Corneuil qu'a celui des Mignières, qui soulloit estre séparé et tenu d'icelle seigneurie de Corneuil; et lequel de present est pocedde et reuny à la dicte seigneurie de Corneuil; et pareillement franc pasturage pour les porcz d'iceulx manoirs sans nombre, en la dicte forest de Bretheuil.

Duquel fief de Corneuil sont tenus mouvanz les fiefz cy apres declarez; c'est assavoir :

Le fief de Rommilly, par un plain fief de haubert, pocedde par   (sic) Despois, escuier ;

Le fief du Perron, par un demi fief de haubert, a present pocedde par Henry de Riviers, dont est procès pour le ravoir par puissance de fief ;

Item un quart de fief, assiz en la parroisse de Fresnay, en la barronnye de Sainct André en la Marche, qui fut à Mme Marguerite de Sacquenville, a present pocedde par Hector de Vallences, dont y a procès en debat de tenure pendant au baillyage d'Evreux, entre moy, d'une part, et le procureur fiscal de la barronnye de Sainct André en la Marche, d'autre part ;

Item le fief de Bérengeville la Rivière, en la duché d'Evreux, par un demy fief de haubert, qui fut a la dicte dame Margueritte [de] Sacquenville, a present pocedde par Jehan de Montenay, baron de Garentières ;

Item le fief de Hellenvillier, par un demy fief de haubert, qui fut dame Jehanne de Hallenvillier, a present Gaspart de Mainemares ;

Le fief du Deffends, assiz en la paroisse de Chavigny, que pocedde Barthelemy Pilleavoine ;

Item le fief de Grénieuseville, par un demy fief, appartenant et pocedde de present par Loys Damours, escuier ;

Item le fief de la Raschée, par un huictièsme de fief, a present pocedde par le dict Gaspart de Mainemares ;

Item le fief des Chérottes, par un huictiesme de fief, a present poceddé par les hoirs Jehan Planchette;

Item le fief ou aisneesse qui fut Jehan Beaulieu, assiz en Ardennes, par un fief a plaines armes, a present poceddé par les hoirs Jehan Voisin.

Item le fief Camet, par un huictiesme de fief, assiz en la parroisse de saint Ouen des Mignières, dont les hoirs Estienne du Coudray en tiennent un huictièsme de fief;

Item le fief des Petites Mignières, par un quart de fief, dont la moitié m'en apartient, et l'autre moitié par Æneas de Tourville, escuier;

Item le fief du Gerié, assiz en la parroisse de Chavigny, par un huictiesme de fief, qui fut Guillaume Thorel, et à present Mathieu de Coudumel;

Item le fief de Grandvillier, qui fut Guillaume des Haulles, et à present poceddé par Georges des Haulles;

Item les hoirs Denys de l'Orme tiennent un huictiesme de fief, nommé le Grand Tertre, à present poceddé par messire Charles d'O, sieur de Baillet, et les heritiers messire Charles d'O, sieur de Verigny;

Item le fief de Rossay, par un huictièsme de fief, assiz en la parroisse de Grandvillier, à present poceddé par les hoirs Me Jacques Battelier;

Item le fief de Faverolles, en la chastellenie de Conches.

Les hommes resseanz des quels fiefz sont subjetz aux baons des dites moullins; et d'iceulx fiefs sont deubz hommages reliefz et trezeiesmes, aydes, autres droits et debvoirs seigneuriaux, quand ils escheent.

De celluy des Mignières, uny au dict fief de Corneuil, comme dict est, sont tenus et mouvanz les fiefz et seigneuries qui ensuivent; c'est asscavoir:

Un huictièsme de fief, nommé Bréthonnye, ses apartenances et deppendances, sans court et usage, assiz en la parroisse de Boëcy et illec environ, qui fut Guillaume de Bellegarde;

Item le fief du Bois Richer, par un demy fief de haubert, assiz en la parroisse des Mignières et autres, qui fut Simonnet de Chambray.

Item un fief à Roussin, assiz en la parroisse de Hellen-

villier et Grandvillier, cy-devant tenu par les hoirs Robin
Péan de Beaussé.

Item le fief ou tenement, nommé la Cunelle, sans court et
usage, qui fut Jehan Dupont.

Item un fief nommé la Motte du Tilleul, sans court et usage.

Tous lesquels fiefz de la Bretonnye, fief à Roussin, la
Cunelle, la Motte du Tilleul, a present unys avecques la dicte
terre de Hellenvillier, et poceddez par le dict Gaspart de
Mainemares, escuier; et m'en doibt avecques les droictz et
debvoirs seigneuriaux, neuf livres tournois de rente chacun
an, au jour sainct Remy.

Et de ma dicte terre et baronnye de Dampville, terre et
seigneurie de Corneuil, unye a icelle, je doibz foy et hommage au Roy nostre sire, a cause de son dict chastel de
Bretheuil, et les debvoirs et redebvances telz comme ilz
appartiennent, à cause de la qualité des dictz fiefz, selon la
coustume de Normendye.

Et pour ce que, comme dict est, partye des antiens tiltres
et autres enseignementz de ma dicte baronnye ont esté cy-
devant perdus par feu et guerre, je proteste plus advant
bailler, augmenter ou diminuer le present adveu, sy mestier est.

En tesmoing de quoy j'ay icelluy signé de ma main et faict
seeller du seel de mes armes, à Paris, le dix-septième d'octobre mil six cents et deux.

Signé : Charles DE MONTMORENCY.

Et plus bas : par Monseigneur l'admiral, baron de Damville. Signé : NICOLLAS, un paraphe, et scellé du cachet des
armes du dict seigneur, en cire rouge.

XI

Erection de la baronnie de Damville en duché-pairie

SEPTEMBRE 1610

LOVYS, par la grace de Dieu, Roy de France et de Navarre,

A tous présens et a venir, salut. Estans bien et deuement
instruits par l'exemple des Roys de France, nos prédéces-

seurs, et autres Princes qui ont oncques eu la charge des
plus grands Estats de ce monde, combien est utile et important de remunerer et recognoistre dignement par tous
hauts honneurs, charges, tiltres et dignitez, les hommes
vertueux qui, par dignes exploits ès grands et importans affaires, donnent preuves de leurs suffisances et capacitez;
pour non seulement les faire persister en leurs fidelitez ac-
coustumées, et les accroistre et redoubler; mais aussi pour
provoquer tous les autres de les suivre et imiter. Et désirans
par cette voye entr'autres tesmoigner combien nous esti-
mons et affectionnons la vertu, et quelle ferme asseurance
doivent avoir sur nous tous ceux qui en feront une vraye
profession. Ayans mis en considération l'antiquité, grandeur et noblesse de la maison de Montmorency, le nombre
de personnages illustres, excellens et magnanimes qui en
sont issus; les dignes et recommendables services qu'ils ont
successivement faits à la défense de cette couronne, et con-
servation en son entier de l'authorité de leurs Roys, sans
iamais s'en être départiz ne dezvoyez; et tellement qu'entr'autres Mathieu de Montmorency, dès l'an mil deux cents
vingt-deux, auroit souz Philippe Auguste esté honoré de l'estat
de connestable de France, première et principale dignité du
royaume, des mérites et vertuz duquel les successeurs se
recognoissent assez avoir esté vrays héritiers, par les dignitez et rangs qu'ils ont depuis continuellement tenuz près
de nos dits prédécesseurs Roys. Mesmes encore les derniers
chefs de ladite maison, nommément Anne de Montmorency,
lequel a esté grand maistre, connestable, duc et pair de France,
et nostre très-cher et bien aimé cousin HENRY, duc de Montmorency, exerçant encore à present ceste mesme charge de
connestable, à son grand honneur, et d'autant à nostre contentement; et en l'an mil cinq cents quatre-vingts-quinze
l'Estat d'Admiral de France et de Bretagne vaquant et estant
à la disposition de nostre très-honoré seigneur et père le
Roy dernier décédé, que Dieu absolve, et estant lors en son
armée de Lyon accompagné et suivy des plus grands de ce
royaume capables de telle charge : Recognoissant quelles
grandes et justes considérations auroient disposé le Roy
Charles IX de très-heureuse memoire, d'honorer en l'an
cinq cents soixante et onze, nostre très-cher et bien aimé

cousin le sieur de Dampville Charles de Montmorency
de l'office et qualité de colonel général des Suisses : quels
dignes et recommendables services nostre dit cousin auroit
depuis, comme auparavant, continuellement rendus à cest
estat en diverses, belles, grandes, et importantes occasions,
luy auroit conféré le dit Estat d'Admiral ; et sachant combien il s'en est jusques à présent dignement et fidellement
acquité, et quel grand soing et devoir il continue d'y rendre
en tout ce qui y peut advancer le bien de nostre service, le
repos et seureté de nostre Royaume, proffit et commodité
de nos subiets, et observation de noz éditz ; et désirant,
comme il est bien raisonnable, lui faire paroitre le gré et
contentement extrême que nous en avons : mesmes par quelque accroissement de qualité qui luy puisse donner rang et
séance convenable soit à la grandeur sus dite de sa maison,
soit à ses merites, soit à son aage, lequel il a dès sa ieu-
nesse du tout employé près les personnes, et à l'execution
des commandements de nos dits prédécesseurs Roys en
leurs affaires de plus de consequence : voulans d'ailleurs par
ce favorable et honorable traitement montrer evidemment
combien se peuvent promettre et attendre d'honneur de nous
ceux qui prendront l'exemple et ensuivront les vestiges de
ses vertus et mérites ; pour ces causes et autres à ce nous
mouvans, considérans que la Baronnie de Damville, dont
nostre dit cousin est Seigneur, est un fief de haulbert des
plus amples en seigneurie et plus anciens qui soient en
nostre duché d'Evreux, joignant le chasteau de laquelle il y
a eu autres fois une belle ville, bien ceinte et close de murailles et fossez, garnie de forteresses et faulxbourgs. Laquelle baronnie fut encore en l'an cinq cents cinquante
et deux accreuë et augmentée par l'union y concédée des
seigneuries de Corneuil, Grandes et Petites Minières, de
laquelle par ainsi sont à présent tenuz plusieurs beaux fiefs
et arriere fiefs assis en trente-cinq bonnes et diverses paroisses toutes dépendantes du dit fief de Dampville tenu et
mouvant nuement de nous à cause de nostre chastellenie
de Breteuil en nostre dit duché d'Evreux : en laquelle baronnie nostre dit cousin a toute justice, haute, moyenne et
basse ; comme aussi pouvoir d'y establir des officiers, et tous
autres droits seigneuriaux tesmoignans la noblesse et dignité

d'icelle. Les revenus de laquelle consistent en grande quantité de terres fort fertiles et toutes contingentes, dont sont composées plusieurs mestairies, en divers beaux droits, cens, rentes, forets, bois et autres redevances, et surtout fort grande quantité de vassaulx, subiets et justiciables. Outre la permission que le seigneur d'icelle a de tout chauffage en nostre forest d'Evreux, et de toute prise de haut bois pour faire bastir et construire en son chasteau dudit Dampville. De tous lesquels fruicts et droits luy procède par an du seul revenu ordinaire une bonne somme de deniers suffisante et sortable de reçevoir et maintenir le nom et tiltre de duché. Sçavoir faisons que nous, par l'advis de la Royne régente, nostre trèshonorée dame et mère, d'aucuns des princes de nostre sang, et des seigneurs et plus notables personnages de nostre conseil estant près de nous, avons, par ces presentes, crée et érigé, créons et erigeons en tiltre, nom et dignité de duché et pairie de France la baronnie dessus dite de Dampville, avec les annexes susdites de Corneuil, Grandes et Petites Minières, leurs appartenances et dependances, pour en jouir et user par nostre dit cousin Charles de Montmorency, de son vivant et après son décès par ses enfants masles procréez en loyal mariage : et au cas qu'il décede sans enfans masles, par notre cher et bien aimé Henry de Montmorency, son nepveu, et à son deffault et après lui par ses hoirs masles aussi issus de luy en loyal mariage, perpetuellement et à toujours, en qualité de duc et pair de France, avec les honneurs, prérogatives, priviléges et prééminences qui lui appartiennent, et tout ainsi que les autres pairs en jouissent, tant en justice et jurisdiction qu'autrement. Voulons et nous plaist que toutes les causes civiles et criminelles, personnelles, mixtes et réelles qui concerneront tant nostre dit cousin que le droit du dit duché, soient traitées et jugées en nostre parlement de Paris en première instance, et que les causes et procès d'entre les subiets et justificables du dit duché ressortissent nuement par appel du juge d'iceluy en nostre parlement de Rouën, en l'enclos duquel est nostre dit duché d'Evreux, duquel nous avons distrait, eximé et exempté, distrayons, eximons et exemptons la dite baronnie, terres et seigneuries y jointes et unies : comme aussi de tous autres juges, et de tous cas, fors seulement et exempté des cas royaux, dont la cognoissance appartiendra à noz juges, pardevant les quels ils avoient accoustumé ressortir avant ceste nostre création. Voulant nostre dit cousin et ses dits successeurs masles et de son dit nepveu, seigneur des dits lieux, estre dits, nommez, censez et réputez ducs de Damp-ville et pairs de France : et que la dite baronnie, terres et seigneuries y jointes ils tiennent en tiltre de duché à foy et pairie de nous à cause de nostre grosse tour de Louvre. De laquelle pairie nostre dit cousin nous a fait dès à présent, ainsi qu'il est accoustumé, le serment de fidélité, auquel nous l'avons reçeu. A la charge toute fois qu'en default d'hoir masle d'iceluy nostre dit cousin, ou de son dit nepveu, la dite qualité de duc et pair demeurera esteinte et suppri-mée : et retournera la chose en son premier estat et deub, tout ainsi qu'elle estoit auparavant la dite érection, pour estre héritage propre des enfans et heritiers de nos ditz cousins, ou des ayans cause d'eulx, sans que par le moyen des éditz de DLXVI et LXXIX et autres precedents et subse-quens, mesmes les déclarations de decembre LXXXI et de mars LXXXII, sur les érections des duchez, marquisatz et contez, la dite baronnie de Dampville et ses appartenances sus dites puissent estre dictes et censées aucunement jointes et réunies à nostre couronne et domaine : d'autant que autrement iceluy nostre dit cousin n'eust voulu accepter et admettre le don et faveur de ceste nostre création. Si don-nons en mandement, par ces mesmes presentes, à noz amés et féaulx les gens tenans nostre cour de parlement à Paris, et tous noz autres justiciers et officiers, ou à leurs lieute-nans presens et à venir, et à chacun d'eulx, si comme à luy appartiendra, que de nostre présente création et erec-tion de duché et pairie, et de tout le contenu en ces dites pré-sentes, ils fassent, souffrent et laissent iceluy nostre dit cousin Charles de Montmorency, ses successeurs et ayans cause, jouir et user, plainement et paisiblement, perpetuellement et a toujours, sans en ce leur faire mettre ou donner, ny souffrir leur estre fait, mis ou donné aucun trouble, destour-bier ou empeschement au contraire : Lesquels si faits, mis ou donnez leur estoient, les mettent et fassent mettre incontinent et sans délai a plaine et entière délivrance, et au premier estat et deub. Car tel est nostre plaisir, nonobstant ordonnances, edicts, reglemens et constitutions quelsconques, tant anciens que modernes, de nous et de nos predecesseurs Roys susdits ou autres, ausquels, de nostre certaine science, plaine puissance et auctorité royalle, nous avons pour ceste fois, et sans tirer à conséquence dérogé et dérogeons par ces dites présentes, ensembles à la dérogatoire de la dérogatoire d'icelles, ne voulans icelles ny autres choses quelconques nuire ne préjudicier aucunement à ceste nostre presente création et érection. Et afin que ce soit chose ferme et stable à tousjours, nous avons signé ces présentes de nostre main, et à icelles fait mettre nostre scel, sauf en autres choses nostre droit, et l'autruy en toutes. Donné à Paris, au mois de septembre, l'an de grâce mil six cents dix, et de notre règne le premier.

Signé : Lovis, et scellées en reply sur lacs de soye verde et rouge du grand sceau de cire verde ; et sur le dit reply est escript : Par le Roy, la Royne régente sa mère présente. Signé : POTIER. Et au costé du dit reply est escript ce qui s'ensuit :

Leuës, publiées et registrées, ouy le procureur général du Roy.

(A. DUCHESNE, Hist. de la maison de Montmorency, Preures, p. 509.)

XII

Cession par le duc de Damville à Mathieu Legendre d'un petit canal de la rivière d'Iton, à Damville

10 AVRIL 1678

Louis Charles Levy, duc de Ventadour et de Damville, pair de France, prince souverain de Maubuisson, comte de Tournon et Albon, marquis d'Anangy et autres lieux. Sur ce qui nous a été remontré qu'il y a en ce lieu de Damville un petit ruisseau ou canal qui conduit l'eau de la rivière dans nos fossés, qui nous est d'ailleurs inutile et sujet à curer souvent, attendu les pierres et ordures que les enfants y jettent continuellement qui le remplisse (sic) ; pour a quoi obvier et vu les offres qui nous ont été faites par Mathieu

Legendre, bourgeois de ce lieu de Damville, d'entretenir led. canal et le faire curer et netoyer toutes les fois qu'il sera necessaire, dans l'espace et étendue qu'il a le long de son jardin, s'il nous plaisoit lui vouloir fieffer et lui permettre de le peupler de poisson à son usage et bénéfice particulier, même sous offres de nous en payer une rente seigneurialle qu'il nous plairoit y imposer. A ces causes nous avons aud. Legendre fieffé led. canal et ruisseau depuis le pont appelé vulgairement le Pont Levis, jusqu'à la rivière qui fait moudre le moulin, à la charge par led. Legendre d'entretenir et faire curer led. canal toutes fois et quantes qu'il sera nécessaire, et en telle sorte que l'eau coule et vienne facilement dans nos fossés, même d'entretenir la bonde et pale qui est à l'embouchure dud. canal, qu'il nous sera libre de faire lever et baisser quand il nous plaira; comme aussi de payer annuellement à la recette de notre duché deux chapons de rente seigneurialle au jour et fête de Noël, et de nous en donner avœu et déclaration, avec obligation de comparoitre à nos pleds et gages pleds, suivant la coutume de notre province de Normandie; moyennant quoi lui avons permis de peupler led. canal de poisson à son profit particulier, avec droit de planche pour y pescher. En temoins de quoi nous avons signé ces présentes de notre main, et fait contre signer a notre secrétaire, et a icelle fait aposer le cachet de nos armes. Donné aud. Damville le dixième jour d'avril, l'an de grace mil six cent soixante dix huit. Signé : Louis Charles DE LEVY, duc de Vantadour. Par monseigneur : MEFIL, avec paraphe.

(Arch. de l'Eure; Domaines; Décisions du Conseil de Préfecture, IIe vol., no 2037.)

XIII

Lettres d'érection de la terre et seigneurie de Damville en duché-pairie en faveur de M. le comte de Toulouse.

SEPTEMBRE 1694

LOVIS, par la grâce de Dieu, Roi de France et de Navarre, à tous présens et à venir : salut. La tendresse que nous avons pour nostre fils naturel et légitimé Louis-Alexandre

de Bourbon, comte de Toulouse, amiral de France, croissant
tous les jours par toutes les bonnes qualitez que nous re-
connaissons en lui, par son ardeur pour notre service, par
les marques qu'il a déjà données en plusieurs occasions de
son courage, et par son attachement à notre personne, nous
sentans de plus en plus excitez à pourvoir à son établissement, et à lui donner des dignitez et des avantages propor-
tionnez à sa naissance, que nous avons lieu d'espérer qu'il
soutiendra par son mérite et par les services qu'il nous ren-
dra et à nostre état, nous aurions donné nos ordres pour acquérir à son profit et de ses deniers la terre et seigneurie
de Damville, située en nostre province de Normandie, qui
avoit été érigée en titre de duché et pairie par le feu Roy
Louis XIII, notre très honoré seigneur et père, que Dieu
absolve, en faveur de nostre cousin Charles de Montmorency,
amiral de France, par lettres du mois de septembre 1610,
registrées en nos cours de parlement de Paris et de Rouen,
avec clause expresse qu'en cas de décès du dit Charles de
Montmorency, sans enfans mâles, ladite terre duché-pairie
de Damville passeroit à notre cousin Henry de Montmorency,
son neveu, et à ses hoirs mâles, de laquelle terre et seigneurie les dits Charles et Henry de Montmorency ont joui
successivement avec le titre de duché-pairie. Cette terre
aïant passé en la personne de dame Marguerite de Montmorency, duchesse de Vantadour, et depuis à nostre cousin
Christophe de Lévy, comte de Brion, nous aurions de nouveau érigé la dite même terre et seigneurie de Damville en
duché-pairie par nos lettres du mois de novembre 1648, en
faveur de notre dit cousin Christophe de Lévy, comte de
Brion, qui nous en auroit rendu la foi et hommage en conséquence ; et la dite terre et seigneurie aïant depuis été possédée à titre de donation et de legs par notre cousine Anne-
Geneviève de Levy de Vantadour, épouse de notre cousin
Hercule Mériadec de Rohan, ils en auroient fait vente par
contrat du 21 juillet dernier, à notre dit fils le comte de
Toulouse, qui en a fait l'acquisition par notre ordre exprès,
ainsi qu'il est porté par le dit contrat ; et considérant que
la dite terre et seigneurie de Damville, avec les terres de
Corneuil, Grandes et Petites Minières y jointes, est une des
plus considérables de nostre province de Normandie, qu'il

y a une ville fermée qui étoit autrefois très-considérable avant la démolition de la partie d'icelle, faite pendant les guerres des Anglois : qu'il y a plusieurs fiefs et arrière-fiefs qui en sont mouvans, avec plus de trente paroisses toutes dépendentes du chef-lieu de Damville, haute, moyenne et basse justice : droit de marché deux fois la semaine : deux foires par chaque année : droit d'usage de bois à brûler et à bâtir et réparer dans les forêts de Conches, de Breteuil et Evreux : Qu'elle a déjà été par deux différentes fois élevée à la dignité de duché-pairie, et comme un fief de notre couronne mouvant à une seule foi et hommage de nous, à cause de notre tour de Louvre, et qu'elle est à présent possédée par notre dit fils légitimé le comte de Toulouse, nous désirons qu'il en jouisse au même titre de duché-pairie, dont elle étoit ci-devant honorée. A ces causes, de l'avis de notre conseil, qui a vû le dit contrat ci-attaché sous le contre-scel de notre chancellerie ; de notre certaine science, grâce spéciale, pleine puissance et autorité royale, nous avons de nouveau créé, érigé et rétabli, créons, érigeons et rétablissons, par ces présentes, signées de notre main, la dite terre et seigneurie de Damville, et terre de Cornueil, Grandes et Petites Minières et autres y jointes, appartenances et dépendances en titre et dignité de duché et pairie, en faveur de notre dit fils légitimé le comte de Toulouse, ses enfans mâles et femelles, ses héritiers et successeurs et ayans cause, pour en jouir et user aux mêmes droits, titres, honneurs, dignités, prérogatives, prééminences, franchises et libertés, que les autres ducs et pairs de France, tant en justice et juridiction, séance en notre cour de parlement, avec voix délibérative, qu'en tous autres droits quelconques, et tenir les dites seigneuries et justices que nous avons (en tant que besoin seroit) distraites de toutes autres mouvances et ressorts, et réunies en un seul corps de terre en titre de duché et pairie, à une seule foy et hommage de nous et de notre couronne à cause de notre château du Louvre. Voulons et nous plaît, que toutes les causes, civiles et criminelles, personnelles, mixtes et réelles qui concerneront tant notre dit fils légitimé le comte de Toulouse et ses successeurs ducs et pairs, que le droit du dit duché-pairie, soient traitées et jugées en notre cour de parlement à Paris, en première ins-

tance, et les causes et procès d'entre les vassaux, et justiciables au dit duché, ressortissent nuement par appel du
juge du dit duché-pairie en notre cour de parlement de
Rouen, dans l'étendue duquel il est situé, fors pour les cas
royaux, dont la connoissance appartiendra aux juges qui en
doivent connoître, sans pour ce être tenus de nous payer
ni à nos successeurs Rois aucune finance ni indemnité, de
laquelle nous avons fait don à notre dit fils. Voulons et nous
plaît que la justice du dit duché et pairie soit exercée dans
le siege ducal de la ville de Damville, avec faculté à notre
dit fils et ses dits successeurs, de créer et instituer des officiers nécessaires, tant dans le dit siége principal, que menbres dépendans pour le bien et commodité des justiciables,
sans augmentation de ressort, et à la charge que les appel-
lations de tous les juges ressortiront immédiatement en
notre cour de parlement, ainsi qu'il est exprimé ci-dessus ;
pour être le dit duché et pairie de Damville tenu et possédé
par notre dit fils légitimé le comte de Toulouse, ses enfans
mâles et femelles, ses héritiers, successeurs et ayans cause;
sans toute fois qu'en conséquence de la présente confirmation, ou nouvelle érection du dit duché et pairie portée par
ces présentes, à défaut d'hoirs mâles et femelles ou autres
héritiers, le dit duché pairie puisse être par nous, ni par les
Rois nos successeurs réuni à la couronne, en conséquence
des édits et déclaration, des années 1566, 1579, 1581 et 1582,
et autres règlements faits pour l'érection des duchez, mar-
quisats et comtez, de la règle desquels édits et déclarations,
nous avons dispensé et dispensons le dit duché de Damville
par ces présentes, pour esdits cas, les dits héritages appartenir à ceux à qui de droit ils pouroient appartenir suivant la
coutume de notre royaume; sans lesquelles conditions la
dite érection n'auroit été acceptée par notre dit fils légitimé
le comte de Toulouse.

Si donnons en mandement à nos amez et féaux conseillers,
les gens tenant notre cour de parlement de Paris et de Normandie, que ces présentes ils ayent à faire lire, publier et re-
gistrer, du contenu en icelles faire jouir et user notre dit fils
légitimé le comte de Toulouse, ses enfans mâles et femelles,
ses héritiers et successeurs et ayans cause, pleinement, pai-

siblement et perpétuellement, cessant et faisant cesser tous troubles et empêchemens, nonobstant tous édits réglemens et ordonnances à ce contraires, auxquels nous avons pour ce regard dérogé et dérogeons par ces présentes, car tel est notre plaisir, et afin que ce soit chose ferme et stable à toujours, nous avons fait mettre notre scel à ces dites presentes. Donné à Fontainebleau, au mois de septembre, l'an de grâce 1694, et de notre règne le cinquante-deuxième. Signé : Lovis. Et sur le reply : Par le Roy : PHELYPPEAVX. Et à côté : Visa : BOVCHERAT. Et scellés en lacs de soye du grand sceau de cire verte.

(ANSELME, Hist. gén. de France, t. V, p. 43.)

XIV

Foy et hommage rendus au duc de Damville par le seigneur des Essars.

19 AOUT 1718

Par devant Denis Guillaume Regnault, notaire tabellion du duché et pairie de Damville, commis pour la confection du papier terrier du dit duché et pairie de Damville par jugement de Mons⊦ Le Comte, escuyer, sieur de Peuchet, conseiller du Roy, lieutenant général civil et criminel du bailliage de Verneuil, commissaire et député, du trente septembre mil sept cents quinze, en conséquence des lettres patentes du Roy en forme de terrier, données en la grande chancellerie, le sept aoust précédent; fut présent messire Gilbert Alexandre de Lombelon des Essars, chevalier, héritier par bénéfice d'inventaire de messire Alexandre de Lombelon, chevalier, seigneur des Essars, Lhome, la Poutière, la Guéroulde, Nuisement et autres lieux, son bisayeul, suivant l'acte exercé à Damville, le deux may mil sept cents traize, et encore héritier bénéficier de messire Tenneguy de Lombelon des Essars, son ayeul, envoyé en possession de tous les biens de sa maison, et, en cette qualité, seigneur des Essars, Lhome, la Poutière, la Guéroulde, Nuisement et autres lieux, demeurant à la Poutière, paroisse de la Gué-

roulde. Lequel m'a requis de l'assister et accompagner au
château et lieu seigneurial du dit Damville pour luy donner
acte de la foy et hommage qu'il est prest et est tenu faire à
très haut, très puissant et très excellent prince monseigneur Louis Alexandre de Bourbon, comte de Toulouze,
duc de Damville, de Penthièvre, de Château-Villain et de
Rambouillet, marquis d'Albert et autres lieux, gouverneur
et lieutenant général pour le Roy en sa province de Bretagne, pair et amiral de France, a cause de son fief des
Essars ; à l'effet de quoy le dit de Lombelon, en ma présence
et des témoins exprès nommés, s'est transporté au dit château et manoir seigneurial du dit duché de Damville, ou
estant, ayant demandé à haute et intelligible voix, mondit
seigneur le duc de Damville, pair de France, qui ne s'y estant
trouvé, au lieu duquel s'est présenté Me Claude-Gabriel
Bavoilot, fondé de procuration de mondit seigneur le duc de
Damville, auquel le dit sieur de Lombelon, après s'estre mis
en devoir de vassal, suivant la coutume, a dit en ces
termes : « Je viens pour faire la foy et hommage que je suis
« tenu et obligé faire et porter à mondit seigneur le duc de
« Damville, à cause de mondit fief des Essars, qui est un
« plein fief de haubert, assis en la ditte parroisse des Essars
« et autres parroisses, dont il a la jouissance en sa ditte qua-
« lité d'heritier beneficier des dits seigneurs Alexandre et
« Tenneguy de Lombelon, comme il est cy-devant expli-
« qué, rellevant nuement dudit duché de Damville, et vous
« déclare que je suis et deviens homme et vassal de mondit
« seigneur le duc de Damville, et promets luy porter la fi-
« delité, foy et loyauté qu'un vassal doit à son seigneur en-
« vers et contre tous, saouf la féauté deue au Roy. » De laquelle déclaration, foy et hommage le dit sieur de Lombelon m'a requis acte, en présence du dit sieur Bavoilot, a luy
accordée à la charge de présenter son aveu et dénombrement
du dit fief des Essars, conformément à la coutume et aux
termes des dittes lettres patentes, sans préjudice d'autres
droits de mondit seigneur qui se trouveront deus. Ce fut
fait et passé au dit Damville, le dix neuvième jour d'aoust
mil sept cents dix huit : présence de Jacques Nicolas Feray
et de Nicolas Bossu, demeurants au dit Damville, temoins

qui ont signé avec le dit Lombelon, ainsi que le dit sieur Bavoilot et nous notaire, à la minute des présentes, dont lecture a esté faitte. Controllée aux tiltres de Damville le dit jour et an par le Boulanger à ce commis, qui a reçeu trois livres douze sols. Signé : REGNAULT, avec paraphe.

(Titre en parchemin de la collection de M. Chassant.)

FIN.

www.ingramcontent.com/pod-product-compliance
Lightning Source LLC
Chambersburg PA
CBHW072120090426
42739CB00012B/3023